JIANGSU ZHISHICHANQU
SHILI ZHUANGKUANG BA
★ 2023 ★

江苏知识产权
实力状况报告

2023

江苏省知识产权研究会　组织编写

知识产权出版社
全国百佳图书出版单位
—北京—

图书在版编目（CIP）数据

江苏知识产权实力状况报告 . 2023 / 江苏省知识产权研究会组织编写 . — 北京：知识产权出版社，2024. 7. — ISBN 978-7-5130-9446-7

Ⅰ. D927.530.340.4

中国国家版本馆 CIP 数据核字第 20242SN527 号

内容提要

本书构建了由 4 个一级指标、10 个二级指标和 38 个三级指标组成的江苏省知识产权实力指标体系，旨在通过对江苏省各设区市知识产权状况的监测与分析，推动知识产权强省建设和江苏省产业高质量发展。

本书可作为知识产权理论和政策研究人员、实务工作者及相关社会公众的参考读物。

责任编辑：苑　菲　　　　　　　　　　责任印制：孙婷婷

江苏知识产权实力状况报告 2023

江苏省知识产权研究会　组织编写

出版发行：**知识产权出版社** 有限责任公司	网　　址：http：//www.ipph.cn		
电　　话：010-82004826	http：//www.laichushu.com		
社　　址：北京市海淀区气象路50号院	邮　　编：100081		
责编电话：010-82000860转8769	责编邮箱：laichushu@cnipr.com		
发行电话：010-82000860转8101	发行传真：010-82000893		
印　　刷：北京中献拓方科技发展有限公司	经　　销：新华书店、各大网上书店及相关专业书店		
开　　本：787mm×1092mm　1/16	印　　张：8.5		
版　　次：2024年7月第1版	印　　次：2024年7月第1次印刷		
字　　数：120千字	定　　价：38.00元		

ISBN 978-7-5130-9446-7

编 委 会

主　　编：支苏平

副 主 编：施　蔚　赵　旗　张传博

编写人员：王亚利　薛　莲　黄　敏　诸　琳

　　　　　龚跃鹏　周小洲　张　浩

数据支持：国家知识产权局

　　　　　江苏省知识产权局

　　　　　江苏省知识产权保护中心（江苏省专利信息服务中心）

前　　言

党的十八大以来，党中央、国务院对知识产权作出了一系列重大决策和部署，出台了一系列政策，推动我国知识产权事业取得了历史性成就。2020年，中共中央政治局就加强我国知识产权保护工作举行第二十五次集体学习，习近平总书记主持学习并发表重要讲话，为新时代全面加强我国知识产权保护工作提供了根本遵循和行动指南，具有重大的政治意义、时代意义、理论意义、战略意义和实践指导意义。江苏省委、省政府制定《关于强化知识产权保护的实施意见》及分工方案，将专利质量纳入江苏省高质量发展考核指标体系，将知识产权保护绩效纳入营商环境评价指标，对贯彻落实国家有关文件精神、强化江苏省知识产权保护工作作出了全面部署安排。

随着我国经济社会发展水平不断提高，创新驱动发展已经成为经济发展的核心动力，知识产权在经济社会发展中的重要性日益凸显。江苏省知识产权研究会自2014年开始编制《江苏专利实力指数报告》《江苏知识产权实力状况报告》等书，并持续对外发布，一直致力于将统计学分析方法引入知识产权数据挖掘中，力争揭示影响地区知识产权实力差异的各类因素，为知识产权理论和政策研究人员、实务工作者及相关社会公众提供尽可能翔实、客观的数据和结论。《江苏知识产权实力状况报告 2023》旨在通过对江苏省各设区市知识产权状况的监测与分析，推动知识产权强省建设和江苏省产业高质量发展。本书构建了由 4 个一级指标、10 个二级指标和 38 个三级指标组成的江苏省知识产权实力指标体系。通过测算，江苏省 13 个设区市知识产权实力呈现"苏南❶高、苏北❷低"的特征，知识产权实力前三位依次是南京市、苏州市和南通市。

数据显示，江苏省 2022 年专利密集型产业从业人员数量为 455.11 万人，产业增加值为 19 154.38 亿元，江苏省专利密集型产业以 9.47% 的就业人口，创造了 15.69% 的生产总值。专利密集型产业增加值占江苏省生产总值的比重比全国高 2.98 个百分点，专利密集型产业增加值的增幅比全国低 7.16 个百分点，以专利密集型产业为代表的知识产权密集型产业对江苏高质量发展作出了贡献。2022 年，江苏省专利密集型产业研发（Research and Experimental Development, R&D）经费投入 2742.48 亿元，经费投入占营业收入的比重为 3.70%；R&D 人员数为 71.33 万人，占从业人员数的比重为 15.67%。江苏省专利密集型产业科创产出高，江苏省专利密集型产业新产品销售收入 27 018.23 亿元，占营业收入的比重为 36.46%，同比增长 33.54%。从经济效益总体而言，2022 年江苏省专利密集型产业利润总额为 5461.44 亿元，资产负债率为 51.84%，较 2021 年上升了 1.01 个百分点。

《江苏知识产权实力状况报告 2023》是多方支持与合作的成果，本书在指标体系构建、数据获取方面获得了国家知识产权局、江苏省知识产权

---

❶　苏南是江苏省南部地区的简称，包括南京、苏州、无锡、常州、镇江 5 个设区市。下同。

❷　苏北是江苏省北部地区的简称，包括徐州、连云港、宿迁、淮安、盐城 5 个设区市。下同。

局、江苏省知识产权保护中心及江苏省统计局等单位的大力支持，在此一并
致谢。由于时间有限，本书难免存在疏漏与不足，恳请社会各界提出宝贵
意见。

江苏省知识产权研究会

2024 年 2 月

目　　录

表 目 录

图 目 录

第一章 绪 论

一、指数报告编制背景及意义

2022 年是江苏省知识产权局锚定目标、团结奋斗、守正创新、担当实干的一年。江苏省知识产权局聚焦支撑创新发展，聚力优化营商环境，高质量推进"五区五高"知识产权强省建设，为中国式现代化江苏新实践开好局、起好步提供有力支撑。

为全面反映江苏省知识产权实力状况，定量分析各地区知识产权创造、运用、保护、环境等方面的发展水平，引导江苏省知识产权事业科学发展，江苏省知识产权研究会继续开展江苏省知识产权实力状况研究工作，通过对江苏省各设区市知识产权状况的监测与分析，客观评价地区知识产权发展状况，挖掘各地区知识产权发展存在差距的根源，为各级知识产权管理部门制定相关政策提供更加可靠的数据支撑，进一步提升地区知识产权实力和科技竞争力，更好地促进知识产权强省建设和江苏产业高质量发展。

二、国内外相关研究现状

随着信息社会和知识经济的到来，知识产权的重要性日益突出。目前知识产权综合实力已成为一个国家、地区、企业及科研单位技术创新水平的重要标志。许多发达国家对知识产权的研究和利用十分重视，并已有多年的理论研究和实践经验。他们建立知识产权专题数据库，不断进行深入的知识产权跟踪调查和分析。美国分别于 2012 年和 2016 年发布知识产权密集型产业专题报告，欧盟分别于 2013 年、2016 年和 2019 年发布知识产权密集型产业专题报告，以产业对经济的贡献为视角，全面评估知识产权对经济的影响，明确提出知识产权密集型产业是经济的重要支柱。美国 2016 年发布的《知识产权与美国经济：2016 年更新报告》显示，2010—2014 年，美国知识产权密集型产业增加值占 GDP 的比重由 34.8% 增长到 38.2%。欧盟 2019 年发布的《知识产权密集型产业及其在欧盟的经济表现》报告显示，2014—2016 年，欧盟知识产权密集型产业的直接就业人数达到 6300 万人，知识产权密集型产业创造了欧盟经济总量的 45%，价值 6.6 万亿欧元。

国内学者围绕知识产权综合实力的评价主要包括我国区域、企业、高校的知识产权综合实力评价及知识产权保护水平方面的评价。国家知识产权局的黄庆、曹津燕和刘祥等组成的课题组，在区域知识产权综合实力评价指标体系方面进行了一些研究，从专利数量、质量和价值三方面综合考虑，构建了一套以数量类指标表征专利关注程度，以质量类指标表征科技创新程度，以价值类指标表征专利在市场经济活动中作用的指标体系。其对我国区域的知识产权综合实力进行了评价，得出了具有一定意义的评价结果。田高良对现代企业知识产权分析与评价体系作了探讨，对知识产权占有、使用、投资、转让、投入与产出关系等情况进行了全面的分析与评价，从知识产权拥有量及其结构、知识产权投资耗费及其比重、知识产权运营能力和知识产权经济效益四个角度出发，提出知识产权综合评价指标体系。复旦大学知识产权研究中心的陆飞在对国内外有关知识产权评估进行调研的基础上，提出了我国高校知识产权业绩评估的基本原则和技术原则，制定了评估方案，提出了我国高校知识产权业绩评估指标体系。哈尔滨工业大学的王九云在论述了知识产权保护层位的定义及对知识产权保护层位进行评价的必要性、主体和原则的基础上，建立了科学的评价指标体系和评价数据模型。其在评价指标体系中引进了技术创新投入、成果指标，以及知识产权的管理、规范、利用、贸易、对经济发展的贡献等指标，并给出了科学的评价方法，提出了不同社会主体按高层位标准保护知识产权应采取的对策和措施。

第二章　理论基础

一、自主知识产权理论

自主知识产权是我国在 20 世纪 90 年代以来才提出的概念，是我国原创的权利形式之一，并且已成为我国非常重要的一个术语，频频出现在新闻媒体、学术刊物和政府文件中。自主知识产权理论是知识产权战略基本理论的重要内容之一，包括主动性和主导性两层含义：主动性是指知识产权权利人由自我内在驱动、不受外界环境干扰而进行技术创新；主导性是指知识产权权利人作为对知识产权的唯一支配者，享有知识产权所带来的大部分或者全部利益的权利。该理论的主要观点是运用自主创新手段，发展我国特有的知识产权，创造原始创新力，开发先进生产力，增强核心竞争力并形成有力支撑，从而建设创新型国家。

自主知识产权代表着一种突破性的原始创新力，它实现了从知识创新到技术创新的根本性转变，不仅可以引发一个新兴产业的诞生，还可以改变一个传统产业的发展模式。实践表明，自主知识产权作为我国发展创新型经济的原动力，是提高企业自主创新能力的加速器，也是促进企业转型升级的着力点。中国学者已经意识到自主知识产权对企业发展的重要性，有学者研究了中小企业自主知识产权的形成及其作用机理，并系统地针对推进我国中小企业自主知识产权的发展提出了对策，打破了关于知识产权的研究主要停留在静态层面的现状。不少学者研究得出，无论是在传统行业，还是在高新技术行业，知识产权都可以作为企业核心竞争力的基础，是提升企业竞争力中的一个重要环节。由此可见，自主知识产权作为企业的一种无形资产，对企业产生着积极影响，企业可以将多种知识产权进行整合，从而形成其自主知识产权核心竞争力。

当今世界，国家核心竞争力越来越表现为对智力资源和智慧成果的培育、配置、调控和运作，以及对知识产权的拥有、运用能力。知识产权正日益成为国家发展的战略性资源和国际竞争力的核心要素，成为建设创新型国家的重要支撑和掌握发展主动权的关键。我国现在正处在发展成为创新型国家的过程中，因此关注自主知识产权自身的动态发展规律，研究我国自主知识产权的成长机制具有十分重要的意义。国家科技重大专项以掌握关乎国计民生和国家安全的核心关键技术为目标，以培育具有核心竞争力的自主知识产权为核心任务，通过多方主体共同参与研发，相关法律规制予以支持，以促进和培育重点战略性新兴产业的发展。但是，我国自主知识产权因受规模、条件等因素的影响，在保护、管理等方面仍存在一些问题，目前企业的自主知识产权状况并不乐观，更多的是停留在模仿阶段，一些基础产品和技术对外依存度高，关键环节存在"卡脖子"风险。

二、区域经济理论

区域经济理论是研究区域经济发展一般规律的理论，其旨在探究各种社会经济现象及其影响因素。学者杜能创立了农业区位理论，为区域经济的研究奠定了基础。现代区域经济学形成于 20 世纪 50 年代，由艾萨德教授创立，艾萨德教授在杜能、韦伯、克里斯塔勒和廖什等前人理论的基础上，把成本最小化和利润最大化两大假设引入区域经济学中，从成本最小化和利润最大化两个方面探讨了空间经济的均衡状态。艾萨德教授不仅将理论推导引入实践研究之中，对区域经济学作出了巨大的贡献，还构建了一系列用于区域分析的模型，对区域经济学进入主流经济学产生了深远的影响。

中国地大物博、人口众多，不同地区的自然资源差异很大，统筹区域发展一直是一个重大问题，因此中国的发展离不开中国区域经济的实践总结和理论提炼。中国区域经济学以马克思主义基本原理和中国特色社会主义理论为指导，以中华人民共和国成立以来、特别是改革开放以来的伟大实践为基础，将研究对象看成一个系统，抓住区域发展和协调发展两条主线，探索区域发展规律，促进区域高质量协调发展。区域经济学是一门正在不断丰富和发展的新兴学科，随着中国经济发展进入新时代，特别是进入高质量发展新阶段，中国区域经济学将发挥越来越重要的作用。中国区域经济学反映了中国区域经济学研究者们关于中国区域经济学的概念、特点、框架结构等的基本认识，也反映了中国区域经济学理论发展现状的全貌，是中国区域经济学研究者们集体智慧的结晶。

现如今，人类社会已进入知识经济时代，在当前的国际政治经济形势下，我国面临着双重挑战，一方面要实现全面工业化，另一方面要缩小与发达国家之间的差距。为此，必须立足于我国区域经济发展伟大实践，从经济实践中寻找灵感，更多地进行区域经济学理论的自主创新。同时，深入研究中国整体及中国各个区域的经济发展规律，这也是中国区域经济学所要研究的核心问题。

三、自主创新发展理论

自主创新是指拥有自主知识产权的独特核心技术并在此基础上实现新产品价值的过程，是结合市场需求和实际情况开展的投入、研发、转化等一系列创新活动，其关键在自主，核心在创新。自主创新发展理论认为，创新能力是企业将现有的生产要素进行重新整合而产生的新的发展能力，所谓自主创新，就是要依靠自身力量独立进行技术研发和创造。一方面，自主创新可以促使企业研发出新产品，占领新的市场，扩展经营业务的广度；另一方面，创新可以实现产品的差异化，提升科技含量与质量，形成企业的核心竞争力。

自主创新可以分为三种类型：原始创新、集成创新和在引进、消化基础上的再创新。熊彼特最早开始对创新展开研究，他认为在激烈的市场竞争中，企业必须不断革新来谋求生存与发展。自主创新能力作为一种策略性资源，既能体现企业产品的核心竞争力，又能反映企业获得资本的能力，是企业发展的源动力。唐未兵等学者指出，不断地进行自主创新不仅可以维持现有客户，而且还可以挖掘出更多潜在的新客户，有利于扩大市场份额，全面提升企业业绩。还有学者认为，良好的自主创新能力可以向资本市场传递出有利于企业的投资信息，从而使企业获得外部的资金支持，对企业产生积极的影响。

当今，知识产权对于自主创新系统的整合具有至关重要的影响，它与自主创新相互促进、相互融合、共同发展。企业要明确研发方向，介入知识产权，建立研发和创新的战略储备，努力发展自身的核心技术，使自主知识产权得到很好的转化，最终依靠自主知识产权，提高企业创新能力，增强企业竞争能力。知识产权基础理论不是一成不变的，而是一个逐步创新和发展的过程，需要不断地引入新理论，从而构建更加完善的知识产权基础理论体系，并运用自主创新不断拓展知识产权基础理论，支撑国家知识产权事业的发展。企业必须重视自主创新与知识产权的协同发展，使两者相辅相成。一方面，努力通过自主知识产权提高企业的创新能力，从而提高企业的竞争力；另一方面，企业的创新活动要以研发成果的知识产权化为重要战略目标，加快促进知识产权的创造、运用、保护和管理的全面发展。

四、指标权重确定及指数计算

本书采用层次分析法（Analytic Hierarchy Process，AHP）确定指标体系权重。层次分析法，是一种定性和定量相结合的、系统的、层次化的分析方法。这种方法的特点就是在对复杂决策问题的本质、影响因素及其内在关系等进行深入研究的基础上，利用较少的定量信息使决策的思维过程数学化，从而为多目标、多准则或无结构特性的复杂决策问题提供简便的决策方法，是对难以完全定量的复杂系统作出决策的模型和方法。

层次分析法的原理是根据问题的性质和要达到的总目标，将问题分解为不同的组成因素，并按照因素间的相互关联影响及隶属关系将因素按不同的层次聚集组合，形成一个多层次的分析结构模型，从而最终使问题归结为最低层（供决策的方案、措施等）相对于最高层（总目标）的相对重要权值的确定或相对优劣次序的排定。

层次分析法是利用专家的经验和判断能力，对同一层次因素的相对重要性进行两两比较，从上而下地进行整合，来最终确定权重。

运用层次分析法确定权重主要分为以下 3 步：①根据已经构建的指标体系建立判断矩阵；②确定各层次指标的相对权重；③进行一致性检验。

具体流程如图 2-1 所示。

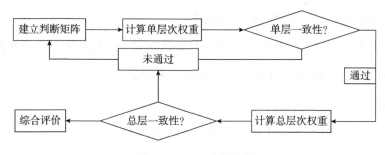

图 2-1　AHP 实施流程

首先，建立判断矩阵。

我们引用 1~9 作为标度来衡量同一级两项指标间的相对重要性，用数值表示两者的重要性差异，最终形成判断矩阵。比率标度见表 2-1。

表 2-1　比率标度表

标度	含义	标度	含义	说明
1	A_i 比 A_j 同等重要	#	#	①A_i 与 A_j 为同一层次的两个评价指标
3	A_i 比 A_j 稍微重要	1/3	A_i 比 A_j 稍微不重要	
5	A_i 比 A_j 明显重要	1/5	A_i 比 A_j 明显不重要	
7	A_i 比 A_j 强烈重要	1/7	A_i 比 A_j 强烈不重要	②相对上层某个评价指标判断
9	A_i 比 A_j 极端重要	1/9	A_i 比 A_j 极端不重要	③需要两个判断的折中
2,4,6,8	两相邻判断的中间值	1/2,1/4,1/6,1/8	两相邻判断的中间值	

例如，某层次因素集 $U=\{A_1, A_2, \cdots, A_n\}$，将 A_i 与 A_j（$i,j=1,2,\cdots,n$）进行相互比较，根据比率标度表确定差异，并进行量化，得到判断矩阵：

$$A=\begin{bmatrix} a_{11} & a_{12} & \cdots & a_{1n} \\ a_{21} & a_{22} & \cdots & a_{2n} \\ \vdots & \vdots & \ddots & \vdots \\ a_{n1} & a_{n2} & \cdots & a_{nn} \end{bmatrix}$$

其次，确定各层次指标的相对权重。

对判断矩阵 A，计算满足特征根和特征向量，并将特征向量标准化后得到 $W, W_1, W_2, \cdots, W_n^T$ 来作为本层级元素对于其隶属指标的权重。

最后，一致性检验。

引入 CI 度量矩阵偏离程度，即判断矩阵 A 的最大特征根 max 与 n 的差与 $n-1$ 之间的比。

$$CI = \frac{max-n}{n-1} \qquad (2-1)$$

通常判断矩阵的阶数越大，检验难度越高，通过查找平均随机一致性指标 RI，计算一致性比率 CR 作为检验指标。

通过以上分析可知，在指标权重确定过程中，层次分析法充分考虑了参与打分的专家在解决问题上的主观性，在多层次指标权重的确定上有很强的实用性。本次发放指标权重调查表 9 份，收回 9 份，收回率 100%，在此基础上借助 AHP 软件，最终确定各级指标的权重。

第一步，建立层次结构模型。将决策的目标、考虑的因素（决策准则）和决策对象按他们之间的相互关系分成最高层、中间层和最低层，绘制层次结构如图 2-2 所示。

第二步，构造判断矩阵。

①最高层判断矩阵（表 2-2）。

表 2-2　最高层判断矩阵

类别	知识产权创造	知识产权运用	知识产权保护	知识产权环境
知识产权创造	1.00	2.00	2.00	2.00
知识产权运用	0.50	1.00	1.00	1.00
知识产权保护	0.50	1.00	1.00	1.00
知识产权环境	0.50	1.00	1.00	1.00

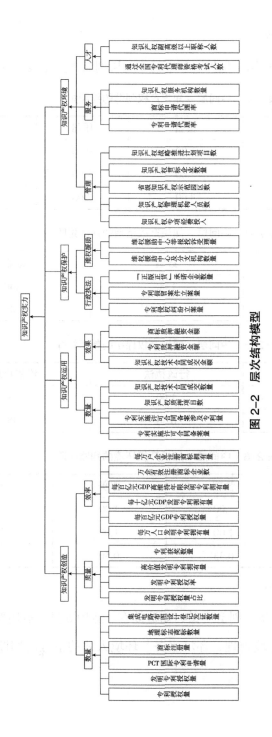

图 2-2 层次结构模型

②中间层判断矩阵。

知识产权创造、运用、保护、环境的中间层判断矩阵见表 2-3 至表 2-6。

表 2-3　中间层 - 知识产权创造的判断矩阵

知识产权创造	数量	质量	效率
数量	1.00	0.50	0.33
质量	2.00	1.00	0.50
效率	3.00	2.00	1.00

表 2-4　中间层 - 知识产权运用的判断矩阵

知识产权运用	数量	效果
数量	1.00	2.00
效果	0.50	1.00

表 2-5　中间层 - 知识产权保护的判断矩阵

知识产权保护	行政执法	维权援助
行政执法	1.00	2.00
维权援助	0.50	1.00

表 2-6　中间层 - 知识产权环境的判断矩阵

知识产权环境	管理	服务	人才
管理	1.00	1.00	3.00
服务	1.00	1.00	2.00
人才	0.33	0.50	1.00

③最低层判断矩阵。

知识产权创造数量、创造质量、创造效率、运用数量、运用效果、行政执法、维权援助、环境管理、环境服务、环境人才的最低层判断矩阵见表 2-7 至表 2-16。

表2-7 最低层 – 知识产权创造数量的判断矩阵

知识产权创造数量	专利授权量	发明专利授权量	PCT 国际专利申请量	商标注册量	地理标志商标数量	集成电路布图设计登记发证数量
专利授权量	1.00	1.00	2.00	3.00	2.00	2.00
发明专利授权量	1.00	1.00	2.00	3.00	2.00	2.00
PCT 国际专利申请量	0.50	0.50	1.00	2.00	1.00	1.00
商标注册量	0.33	0.33	0.50	1.00	0.50	0.50
地理标志商标数量	0.50	0.50	1.00	2.00	1.00	1.00
集成电路布图设计登记发证数量	0.50	0.50	1.00	2.00	1.00	1.00

表2-8 最低层 – 知识产权创造质量的判断矩阵

知识产权创造质量	发明专利授权量占比	发明专利授权率	高价值发明专利拥有量	专利获奖数量
发明专利授权量占比	1.00	3.00	2.00	3.00
发明专利授权率	0.33	1.00	0.50	1.00
高价值发明专利拥有量	0.50	2.00	1.00	2.00
专利获奖数量	0.33	1.00	0.50	1.00

表2-9 最低层 – 知识产权创造效率的判断矩阵

知识产权创造效率	每万人口发明专利拥有量	每百亿元GDP专利授权量	每十亿元GDP发明专利拥有量	每百亿元GDP高维持年限发明专利拥有量	万企有效注册商标企业数	每万户企业注册商标拥有量
每万人口发明专利拥有量	1.00	1.00	1.00	1.00	1.00	5.00
每百亿元GDP专利授权量	1.00	1.00	1.00	1.00	1.00	4.00

续表

知识产权 创造效率	每万人口 发明专利 拥有量	每百亿元 GDP 专 利授权量	每十亿元 GDP 发明 专利拥有量	每百亿元 GDP 高维 持年限发明 专利拥有量	万企有效 注册商标 企业数	每万户企 业注册商 标拥有量
每十亿元 GDP 发明 专利拥有量	1.00	1.00	1.00	1.00	1.00	4.00
每百亿元 GDP 高维持 年限发明 专利拥有量	1.00	1.00	1.00	1.00	1.00	4.00
万企有效 注册商标 企业数	1.00	1.00	1.00	1.00	1.00	4.00
每万户企业 注册商标 拥有量	0.20	0.25	0.25	0.25	0.25	1.00

表 2-10 最低层 - 知识产权运用数量的判断矩阵

知识产权 运用数量	专利实施许可 合同备案量	专利实施许可合同 备案涉及专利量	知识产权质押 项目数	知识产权技术 合同成交数量
专利实施许可 合同备案量	1.00	1.00	1.00	1.00
专利实施许可 合同备案涉及 专利量	1.00	1.00	1.00	1.00
知识产权 质押项目数	1.00	1.00	1.00	1.00
知识产权技术 合同成交数量	1.00	1.00	1.00	1.00

表 2-11　最低层 – 知识产权运用效果的判断矩阵

知识产权运用效果	知识产权技术合同成交金额	专利质押融资金额	商标质押融资金额
知识产权技术合同成交金额	1.00	0.50	2.00
专利质押融资金额	2.00	1.00	4.00
商标质押融资金额	0.50	0.25	1.00

表 2-12　最低层 – 知识产权行政执法的判断矩阵

知识产权行政执法	专利侵权纠纷立案量	专利假冒案件立案量	"正版正货"承诺企业数量
专利侵权纠纷立案量	1.00	1.00	1.00
专利假冒案件立案量	1.00	1.00	1.00
"正版正货"承诺企业数量	1.00	1.00	1.00

表 2-13　最低层 – 知识产权维权援助的判断矩阵

知识产权维权援助	维权援助中心及分支机构数量	维权援助中心举报投诉受理量
维权援助中心及分支机构数量	1.00	1.00
维权援助中心举报投诉受理量	1.00	1.00

表 2-14　最低层 – 知识产权环境管理的判断矩阵

知识产权环境管理	知识产权专项经费投入	知识产权管理机构人员数	省级知识产权示范园区数	知识产权贯标企业数量	知识产权战略推进计划项目数
知识产权专项经费投入	1.00	0.25	0.25	0.25	0.11
知识产权管理机构人员数	4.00	1.00	1.00	1.00	0.50

续表

知识产权 环境管理	知识产权专 项经费投入	知识产权管理 机构人员数	省级知识产权 示范园区数	知识产权贯 标企业数量	知识产权 战略推进 计划项目数
省级知识产权 示范园区数	4.00	1.00	1.00	1.00	0.50
知识产权贯标 企业数量	4.00	1.00	1.00	1.00	0.50
知识产权战略 推进计划项目数	9.00	2.00	2.00	2.00	1.00

表 2-15　最低层 – 知识产权环境服务的判断矩阵

知识产权环境服务	专利申请代理率	商标申请代理率	知识产权服务机构数量
专利申请代理率	1.00	0.33	2.00
商标申请代理率	3.00	1.00	7.00
知识产权服务机构数量	0.50	0.14	1.00

表 2-16　最低层 – 知识产权环境人才的判断矩阵

知识产权环境人才	通过全国专利代理 师资格考试人数	知识产权副高级以上 职称人数
通过全国专利代理师资格考试人数	1.00	1.00
知识产权副高级以上职称人数	1.00	1.00

　　第三步，计算权重。计算中低层所有因素对于最高层（总目标）相对重要性的权值，称为层次总排序。最终，得到江苏省知识产权实力指标体系权重，见表 2-17。

表 2-17　江苏省知识产权实力指标体系

一级指标（权重）	二级指标（权重）	三级指标（权重）		
		序号	单位	指标（权重）
知识产权创造（40%）	数量（6.5%）	1	件	专利授权量（1.5%）
		2	件	发明专利授权量（1.5%）
		3	件	PCT 国际专利申请量（1%）
		4	件	商标注册量（0.5%）
		5	件	地理标志商标数量（1%）
		6	件	集成电路布图设计登记发证数量（1%）
	质量（11%）	7	%	发明专利授权量占比（5%）
		8	%	发明专利授权率（1.5%）
		9	件	高价值发明专利拥有量（2.5%）
		10	项	专利获奖数量（2%）
	效率（22.5%）	11	件	每万人口发明专利拥有量（5%）
		12	件	每百亿元 GDP 专利授权量（3.5%）
		13	件	每十亿元 GDP 发明专利拥有量（4.5%）
		14	件	每百亿元 GDP 高维持年限发明专利拥有量（4%）
		15	家	万企有效注册商标企业数（4.5%）
		16	件	每万户企业注册商标拥有量（1%）
知识产权运用（20%）	数量（12.5%）	17	份	专利实施许可合同备案量（3.5%）
		18	件	专利实施许可合同备案涉及专利量（3.5%）
		19	个	知识产权质押项目数（3%）
		20	项	知识产权技术合同成交数量（2.5%）
	效果（7.5%）	21	亿元	知识产权技术合同成交金额（2%）
		22	亿元	专利质押融资金额（4.5%）
		23	亿元	商标质押融资金额（1%）

续表

一级指标（权重）	二级指标（权重）	三级指标（权重）		
		序号	单位	指标（权重）
知识产权保护（20%）	行政执法（12.5%）	24	件	专利侵权纠纷立案量（4.5%）
		25	件	专利假冒案件立案量（4.5%）
		26	家	"正版正货"承诺企业数量（3.5%）
	维权援助（7.5%）	27	个	维权援助中心及分支机构数量（4.5%）
		28	件	维权援助中心举报投诉受理量（3%）
知识产权环境（20%）	管理（11%）	29	万元	知识产权专项经费投入（0.5%）
		30	人	知识产权管理机构人员数（2%）
		31	个	省级知识产权示范园区数（2%）
		32	家	知识产权贯标企业数量（2%）
		33	个	知识产权战略推进计划项目数（4.5%）
	服务（5%）	34	%	专利申请代理率（1%）
		35	%	商标申请代理率（3.5%）
		36	个	知识产权服务机构数量（0.5%）
	人才（4%）	37	人	通过全国专利代理师资格考试人数（2%）
		38	人	知识产权副高级以上职称人数（2%）

本书采用统计综合评价方法对各级指标进行合成。各级指标经标准化后均可被称为"指数"，计算方法如下。

①将各三级指标按照以下规则标准化，得到三级指标的指数 d_{ij}（式2-2）：

$$d_{ij} = \frac{\min\left(x_{ij}, \mathrm{med}\left(x_{ij}\right)\right)}{\mathrm{med}\left(x_{ij}\right)} \times 0.6 + \frac{\max\left(x_{ij}, \mathrm{med}\left(x_{ij}\right)\right) - \mathrm{med}\left(x_{ij}\right)}{\max\left(x_{ij}\right) - \mathrm{med}\left(x_{ij}\right)} \times 0.4 \qquad (2\text{-}2)$$

其中：x_{ij} 为第 i 个一级指标下的第 j 个三级指标，$\max(x_{ij})$ 为第 j 个三级指标数据的最大值，$\mathrm{med}(x_{ij})$ 为第 j 个三级指标数据的中位值。

②二级指标指数 Z_i 由三级指标指数加权综合而成（式2-3）：

$$z_{i.} = \sum_{j=1}^{n_i} w_{ij} d_{ij} / \sum_{j=1}^{n_i} w_{ij} \qquad （2-3）$$

其中：w_{ij} 为各三级指标监测值相应的权数，n_i 为第 i 个二级指标下设三级指标的个数。

③一级指标指数 $Y_{i.}$ 由二级指标指数加权综合而成（式 2-4）：

$$y_{i.} = \sum_{i=1}^{n} w_{i.} z_{i.} / \sum_{i=1}^{n} w_{i.} \qquad （2-4）$$

其中：$w_{i.}$ 为各二级指标指数的权数，n 为二级指标的个数。

④知识产权实力指数 Index 由一级指标指数加权综合而成（式 2-5）：

$$Index = \sum_{i=1}^{n} w_{i.} z_{i.} / 100 \qquad （2-5）$$

其中：$w_{i.}$ 为各一级指标指数的权数，n 为一级指标的个数。

第三章 江苏省知识产权实力综述与分析

一、江苏省知识产权实力综述

2022 年，在江苏省委、省政府和江苏省市场监管局党组的坚强领导下，在江苏省各有关部门单位和各地各部门的大力支持和共同努力下，江苏省知识产权工作不断向纵深推进，"五区五高"知识产权强省建设成效明显、知识产权主要指标逆势上扬，有力服务高质量发展大局，为全省经济回稳向好、切实担起"勇挑大梁"重大责任作出了贡献。

（一）脚踏实地抓落实、探新路，知识产权强国先行区建设迈出坚实步伐

《江苏省知识产权强省建设纲要（2021—2035 年）》《江苏省"十四五"知识产权发展规划》稳步实施。江苏省及时出台分工方案、年度工作计划，13 个设区市均印发地方"十四五"知识产权规划，扬州率先制定强市建设纲要，南京、常州、盐城出台知识产权高质量发展政策举措。10 个城市、34 个县域、20 个园区获批新一轮强国建设试点示范区域，改革创新成果丰硕。江苏省新承担纠纷快速处理等 5 项国家创新试点任务，信用监管等 3 项创新试

点验收获评优秀，"知识产权交易融资服务运营平台"获时任江苏省委员会主要领导充分肯定。南通、淮安、扬州等地 11 个案例入选首批全国商标品牌建设优秀案例。

（二）持之以恒严保护、优环境，知识产权全链条保护样板区建设取得显著成效

综合立法实现新突破。江苏省人民代表大会公布实施全国首部省级知识产权促进和保护地方性法规《江苏省知识产权促进和保护条例》，地理标志立法、数据知识产权保护规则研究取得阶段性成果。行政保护取得新成效。开展奥林匹克标志、专利商标行政执法专项行动，全省共办理专利侵权纠纷案件 5266 件，查处侵犯奥林匹克标志案件 223 件，3 件案件入选全国知识产权行政保护十大典型案例，系统内 3 个集体、5 名同志获国家知识产权局、公安部通报表扬。江苏省知识产权局联合江苏省高级人民法院建立诉调对接、行政调解司法确认机制，调解各类知识产权纠纷 6139 件，协同保护取得新进展。江苏省和无锡、泰州知识产权保护中心通过国家知识产权局验收投入运行，邳州快速维权中心获批建设，全省保护中心专利预审服务实现 16 个先进制造业集群全覆盖。推荐南京、苏州申报首批国家知识产权保护示范区，支持 5 个市、县、园区创建省级知识产权保护示范区。7 个设区市知识产权行政保护国家绩效考核优秀，全省知识产权保护社会满意度位居全国第一。

（三）全力以赴稳经济、促发展，知识产权引领产业高质量发展

示范区建设实现提质增效。稳链强链纵深推进。江苏省出台专利导航服务基地管理办法，围绕江苏省先进制造业集群，选取晶硅等 20 个重点细分技术领域开展专利导航服务，获批国家专利导航服务基地 7 家、支撑服务机构 3

家。出台高价值专利培育地方标准，支持南京大学等 31 家单位聚焦关键核心技术，组建高价值专利培育中心。会同国家知识产权局专利审查协作中心江苏中心开展"产才对接"行动，为姑苏实验室等 21 家创新主体提供"一对一"精准服务。引导 4500 余家企业贯彻《企业知识产权管理规范》国家标准，培育 720 家国家知识产权优势示范企业。畅通专利优先审查、专利预审"绿色通道"，全年办理专利优先审查 1.6 万件，服务预审备案企业 2.7 万家。苏州瑞派宁科技有限公司获首届世界知识产权组织创新全球奖。转化运用全面提速。深入实施专利转化专项计划，稳步推进专利开放许可试点，布局建设 10 家知识产权运营中心，高校院所转让专利 6553 件，122 项专利技术达成开放许可。江苏省省级知识产权质押融资风险补偿机制取得重大突破，支持 3840 余家中小微企业获得融资近 500 亿元。开展首届江苏专利奖评选。在第二十三届中国专利奖评选中，江苏省有 132 项获奖，其中金奖 6 项，江苏省知识产权局蝉联最佳组织奖。南京与深圳证券交易所签署知识产权金融创新合作协议，无锡设立知识产权股权投资基金，泰州、宿迁发行知识产权证券化产品。商标品牌创新发展。设立省级商标品牌培育和保护项目，支持阳山水蜜桃等 8 个地理标志产品特色发展。镇江香醋、兴化香葱获批建设国家地理标志产品保护示范区；泰州、盐城等地开展"泰有品""盐之有味"等区域公用品牌培育。助企纾困务实有效。及时出台知识产权"助企纾困解难 15 条"，办理专利费用减缓备案 7 万余家，办理因新型冠状病毒感染影响延误期限的专利权利恢复手续 2556 件。南京、苏州、南通、盐城等地率先探索设立知识产权工作站或知识产权专员，打通服务企业"最后一公里"。

（四）千方百计优服务、强合作，知识产权开放协作标杆区建设取得积极进展

推动公共服务数字转型。成功承办首届全国专利检索分析大赛。拓展省知识产权大数据平台功能，推进知识产权保护"一件事"集成服务改革，实现政务服务"线上一网办、线下一窗办"。徐州、连云港开通地方知识产权大数据平台，宿迁打造"宿知道"公共服务品牌。江苏省加强代理服务监管。持续深化"蓝天"、商标代理行为专项整治行动，稳妥推进专利代理行政处罚权下放，严厉打击非正常专利申请和恶意商标注册行为，全面推进专利代理信用监管。江苏省累计查处专利商标代理违法案件37件，罚没款超400万元。南京市江宁区、苏州高新区入选首批国家知识产权服务出口基地。推进长三角一体化发展。联合上海共同举办长三角地区知识产权更高质量一体化发展论坛，签署《更高质量一体化发展框架协议书2.0》和《数据知识产权保护合作协议》。支持举办南京都市圈知识产权保护协作会议。加强国际交流合作。会同江苏省商务厅编制境外展会纠纷应对指南，江苏省知识产权局联合中国国际贸易促进委员会江苏省分会建立海外纠纷应对机制，持续宣传培训"海牙协定""RCEP知识产权规则"，为江苏省企业涉及"美国337调查"等44件海外纠纷案件提供应对指导服务。联合知识产权出版社、中国国际贸易促进委员会江苏省分会共同举办中国知识产权年会、国际知识产权应用暨项目合作大会，支持举办新加坡知识产权周中文论坛、中以知识产权创新合作与保护研讨会等国际交流活动，在世界知识产权组织圆桌会议、中国知识产权保护高层论坛分享江苏经验。

（五）坚持不懈提能力、强支撑，知识产权高端人才培养试验区建设全面启动

加强系统谋划。组织实施江苏省"十四五"知识产权人才发展规划，成立江苏省知识产权局人才工作领导小组，召开全省首次知识产权人才工作会议，探索建立院士团队等高层次人才联络服务机制。强化教育培养。支持江苏国际知识产权学院建设，首次承办世界知识产权组织暑期学校，培训来自 18 个国家的 130 名学员。支持南京工业大学、江苏大学知识产权学院发展，开展知识产权专业本科、研究生人才培养。采取线上线下方式，分层分类组织知识产权培训 21 期、培训 5.3 万余人次。厚植文化氛围。组织开展纲要、规划、条例新闻发布、政策解读等多场宣传活动，联合江苏省教育厅、中国共青团江苏省委员会组织知识产权青年行、青年说系列活动，邀请分管省领导出席全国知识产权宣传周江苏分会场活动，江苏省知识产权工作被《人民日报》等主流媒体广泛报道。

二、江苏省及各设区市重点产业专利实力分析

2022 年，江苏省先进制造业发明专利申请量和授权量分别为 137 101 件和 58 429 件，均居全国第三位。江苏省先进制造业集群发明专利申请主要集中在新兴数字产业集群、高端新材料集群、物联网集群，占江苏省先进制造业集群发明申请专利总量的比重分别为 26.80%、26.75% 和 22.92%，三个集群发明专利申请量共计 104 842 件，占江苏省先进制造业集群发明专利申请总量的 76.47%；江苏省先进制造业集群发明专利授权主要集中在新兴数字产业集群、高端新材料集群、物联网集群，占江苏省先进制造业集群发明授权专利总量的比重分别为 28.03%、27.13% 和 24.91%，三个集群发明专利授权量共 46 783 件，占江苏省先进制造业集群发明专利授权总量的 80.07%。对比 2021 年，江苏省 2022 年先进制造业集群发明专利申请量增幅最快的集群分别是半导体集群、物联网集群、软件与信息服务集群，增幅分别为 28.20%、24.43% 和 23.00%；发明专利授权量增幅最快的集群分别是物联网集群、软件与信息服务集群、新兴数字产业集群，增幅分别为 77.18%、71.80%、61.08%。

从江苏省占据优势的新型电力和新能源产业专利实力来看，2022年，江苏省新型电力和新能源产业发明专利申请主要集中在南京市、苏州市、无锡市，占全省新型电力和新能源产业发明专利申请总量的比重分别为29.59%、19.64%和9.64%；发明专利授权主要集中在南京市、苏州市、南通市，占全省新型电力和新能源产业发明专利授权总量的比重分别为42.38%、15.42%和7.78%。从江苏省发明专利申请量排名第一的高端新材料产业专利实力来看，2022年，江苏高端新材料产业发明专利申请量为36 675件，发明专利申请主要集中在苏州市、南京市、无锡市，分别为9402件、7041件和3941件；发明专利授权量为15 852件，发明专利授权主要集中在南京市、苏州市、南通市，分别为4004件、3810件和1682件。从区域布局看，江苏省先进制造业集群发明专利申请主要集中在南京市、苏州市、无锡市，占全省先进制造业集群发明专利申请总量的比重分别为26.30%、25.47%和9.94%；发明专利授权量主要集中在南京市、苏州市、无锡市，占全省先进制造业集群发明专利授权总量的比重分别为34.50%、23.57%和9.04%。从申请主体看，2022年，江苏省先进制造业集群发明专利申请量前10的申请主体共计发明专利申请量16 732件，占全省先进制造业集群发明专利申请总量的12.20%。

从先进制造业集群专利设区市区域分布来看，2022年，苏南先进制造业集群发明专利申请量为97 500件，同比降低0.10%，占全省先进制造业集群发明专利申请总量的71.12%；苏中❶先进制造业集群发明专利申请量为19 478件，同比增长12.47%，占全省先进制造业集群发明专利申请总量的14.21%；苏北先进制造业集群发明专利申请量为20 123件，同比增长19.14%，占全省先进制造业集群发明专利申请总量的14.68%。苏南先进

---

❶　苏中是江苏省中部地区的简称，包括南通、扬州、泰州3个设区市。下同。

制造业集群发明专利授权量为 45 263 件，同比增长 42.17%，占全省先进制造业集群发明专利授权量的 77.47%；苏中先进制造业集群发明专利授权量为 6642 件，同比增长 11.39%，占全省先进制造业集群发明专利授权量的 11.37%；苏北先进制造业集群发明专利授权量为 6524 件，同比增长 26.66%，占全省先进制造业集群发明专利授权量的 11.17%。

三、江苏省知识产权实力分析

本书从知识产权创造、运用、保护和环境 4 个方面对 2022 年江苏省知识产权实力进行排名与分析，得出各设区市知识产权实力状况总体呈现"苏南高、苏北低"的特征，江苏省知识产权实力指数居前三位的依次是南京市、苏州市和南通市，居后三位的依次是连云港市、淮安市和宿迁市，后三位均为苏北城市。各地区知识产权实力不均衡，排名第 1 位的南京市与排名第 13 位的宿迁市，知识产权实力指数相差 0.503 9（表 3-1）。

表 3-1　2022 年江苏地区知识产权实力指数

地区	知识产权实力	
	指数	排名
南京市	0.839 3	1
无锡市	0.617 4	5
徐州市	0.598 0	6
常州市	0.662 4	4
苏州市	0.815 7	2
南通市	0.669 7	3
连云港市	0.425 6	11
淮安市	0.401 7	12

续表

地区	知识产权实力	
	指数	排名
盐城市	0.495 9	9
扬州市	0.508 6	8
镇江市	0.560 1	7
泰州市	0.468 0	10
宿迁市	0.335 4	13

知识产权实力指数排名第 1 位的南京市知识产权实力指数是宿迁市的约 2.5 倍，主要表现在南京市的知识产权创造 – 质量、知识产权运用 – 数量、知识产权保护 – 行政执法、知识产权环境 – 管理这些指标指数明显高于宿迁市（表 3–2）。

表 3–2 2022 年南京市、宿迁市知识产权实力指数比较

指标	指标指数		指标指数绝对差异 （南京市 – 宿迁市）	指标指数相对差异 （南京市 / 宿迁市）
	南京市	宿迁市		
知识产权实力	0.839 3	0.335 4	0.503 9	2.500 0
知识产权创造 – 质量	1.000 0	0.242 1	0.757 9	4.130 0
知识产权运用 – 数量	1.000 0	0.281 4	0.718 6	3.550 0
知识产权保护 – 行政执法	0.634 1	0.363 0	0.271 1	1.750 0
知识产权环境 – 管理	0.831 1	0.361 5	0.469 6	2.300 0

运用统计学中四分位数 ❶ 的概念，将 13 个设区市根据 2022 年知识产权实力指数的大小划分为四个类别（图 3–1）。

第一类：南京市、苏州市、南通市。

第二类：常州市、无锡市、徐州市。

---

❶ 四分位数，是指在统计学中把所有数值由小到大排列并分成四等份，处于三个分割点位置的数值。

第三类：镇江市、扬州市、盐城市。

第四类：泰州市、连云港市、淮安市、宿迁市。

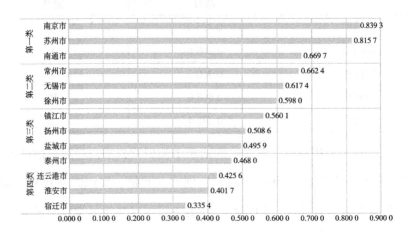

图 3-1 2022 年江苏知识产权实力指数地区分类

第四章　地区知识产权实力分析

一、地区知识产权实力一级指标分析

（一）地区知识产权实力一级指标设计

知识产权实力指标体系下设 4 个一级指标：知识产权创造、知识产权运用、知识产权保护和知识产权环境（图 4-1）。

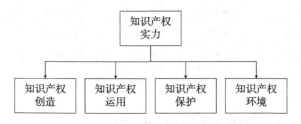

图 4-1　知识产权实力指标设计

（二）地区知识产权实力一级指标分析

总体来看，知识产权创造、知识产权运用和知识产权环境 3 项一级指标均呈现"苏南高、苏北低"的特征（表 4-1）。从 4 项一级指标江苏省前三位的分布来看，知识产权创造指标前三位依次是南京市、苏州市、常州市，均为苏南城市；知识产权运用指标前三位依次是南京市、苏州市、无锡市，均为苏南城市；知识产权保护指标前三位依次是常州市、徐州市、南通市；知识产权环境指标前三位依次是苏州市、南京市、常州市，均为苏南城市。13 个设区市中，南京市知识产权创造、知识产权运用 2 项指标位居江苏省首位。

表 4-1　2022 年江苏地区知识产权实力及其一级指标

地区	知识产权实力		知识产权创造		知识产权运用		知识产权保护		知识产权环境	
	指数	排名	指数	排名	指数	排名	指数	排名	指数	排名
南京市	0.839 3	1	0.904 7	1	0.950 5	1	0.655 5	6	0.781 0	2
无锡市	0.617 4	5	0.694 2	5	0.707 8	3	0.377 3	12	0.613 5	4
徐州市	0.598 0	6	0.594 5	7	0.605 8	6	0.706 7	2	0.488 4	10
常州市	0.662 4	4	0.720 8	3	0.433 9	9	0.766 3	1	0.670 3	3
苏州市	0.815 7	2	0.831 4	2	0.799 1	2	0.688 3	5	0.928 1	1
南通市	0.669 7	3	0.709 7	4	0.671 5	4	0.703 9	3	0.553 6	8
连云港市	0.425 6	11	0.427 1	11	0.284 4	12	0.530 9	7	0.458 5	11
淮安市	0.401 7	12	0.334 5	12	0.590 8	7	0.374 4	13	0.374 4	13
盐城市	0.495 9	9	0.445 7	10	0.396 3	10	0.688 4	4	0.503 2	9
扬州市	0.508 6	8	0.469 7	9	0.606 0	5	0.395 4	10	0.602 3	5
镇江市	0.560 1	7	0.633 0	6	0.460 1	8	0.502 0	8	0.572 6	7
泰州市	0.468 0	10	0.487 9	8	0.374 5	11	0.388 1	11	0.601 4	6
宿迁市	0.335 4	13	0.281 5	13	0.243 4	13	0.451 9	9	0.418 8	12

二、地区知识产权实力二级指标分析

（一）知识产权创造二级指标分析

1. 指标设计

知识产权创造指标下设 3 个二级指标：知识产权创造－数量、知识产权创造－质量和知识产权创造－效率（图 4-2）。

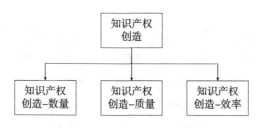

图4-2　知识产权创造二级指标设计

2. 地区知识产权创造实力分析

总体来看，知识产权创造-数量和知识产权创造-质量2项二级指标均呈现"苏南高、苏北低"的特征，知识产权创造-效率呈现"苏南苏中高、苏北低"的特征。从3项二级指标江苏省前三位的分布来看，知识产权创造-数量指标前三位依次是苏州市、南京市、无锡市，均为苏南城市；知识产权创造-质量、知识产权创造-效率2项指标前三位均依次是南京市、苏州市、常州市，均为苏南城市。13个设区市中，南京市和苏州市3项二级指标均进入江苏省前两位。

从各地区3项二级指标发展的均衡性来看，除无锡市和连云港市外，其余11个设区市3项二级指标发展较为均衡，3项二级指标江苏省位次的差异不超过3（表4-2）。

表4-2　2022年江苏知识产权创造及其二级指标

地区	知识产权创造		知识产权创造-数量		知识产权创造-质量		知识产权创造-效率	
	指数	排名	指数	排名	指数	排名	指数	排名
南京市	0.904 7	1	0.849 3	2	1.000 0	1	0.874 1	1
无锡市	0.694 2	5	0.696 1	3	0.645 5	7	0.717 5	5
徐州市	0.594 5	7	0.613 0	6	0.649 2	6	0.562 4	7
常州市	0.720 8	3	0.630 0	5	0.672 3	3	0.770 8	3

续表

地区	知识产权创造		知识产权创造－数量		知识产权创造－质量		知识产权创造－效率	
	指数	排名	指数	排名	指数	排名	指数	排名
苏州市	0.831 4	2	0.895 5	1	0.706 6	2	0.873 9	2
南通市	0.709 7	4	0.640 3	4	0.653 4	5	0.757 3	4
连云港市	0.427 1	11	0.341 1	12	0.522 7	8	0.405 2	11
淮安市	0.334 5	12	0.342 7	11	0.351 7	12	0.323 7	12
盐城市	0.445 7	10	0.472 2	9	0.431 1	11	0.445 3	10
扬州市	0.469 7	9	0.477 4	8	0.453 7	10	0.475 4	9
镇江市	0.633 0	6	0.527 1	7	0.671 0	4	0.645 0	6
泰州市	0.487 9	8	0.382 2	10	0.468 8	9	0.527 7	8
宿迁市	0.281 5	13	0.253 6	13	0.242 1	13	0.308 8	13

（二）知识产权运用二级指标分析

1. 指标设计

知识产权运用指标下设 2 个二级指标：知识产权运用－数量、知识产权运用－效果（图 4-3）。

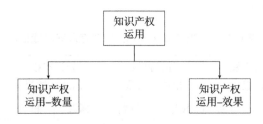

图 4-3　知识产权运用二级指标设计

2. 地区知识产权运用实力分析

从 2 项二级指标江苏省前三位的分布来看，知识产权运用－数量指标前三位依次是南京市、无锡市、苏州市，均为苏南城市；知识产权运用－效果指标前三位依次是苏州市、南京市、南通市。13 个设区市中，南京市和苏州市 2 项二级指标均进入江苏省前三位。

从各地区 2 项二级指标发展的均衡性来看，除连云港市和淮安市外，其余 11 个设区市知识产权运用 – 数量和知识产权运用 – 效果 2 项二级指标发展较为均衡，2 项二级指标江苏省位次的差异不超过 3（表 4–3）。

表 4–3　2022 年江苏知识产权运用及其二级指标

地区	知识产权运用		知识产权运用 – 数量		知识产权运用 – 效果	
	指数	排名	指数	排名	指数	排名
南京市	0.950 5	1	1.000 0	1	0.868 0	2
无锡市	0.707 8	3	0.692 1	2	0.734 0	4
徐州市	0.605 8	6	0.682 3	4	0.478 4	7
常州市	0.433 9	9	0.429 9	9	0.440 6	10
苏州市	0.799 1	2	0.684 9	3	0.989 3	1
南通市	0.671 5	4	0.631 2	6	0.738 7	3
连云港市	0.284 4	12	0.143 5	13	0.519 2	6
淮安市	0.590 8	7	0.665 1	5	0.466 8	9
盐城市	0.396 3	10	0.348 9	11	0.475 3	8
扬州市	0.606 0	5	0.602 6	7	0.611 5	5
镇江市	0.460 1	8	0.506 2	8	0.383 2	11
泰州市	0.374 5	11	0.381 3	10	0.363 3	12
宿迁市	0.243 4	13	0.281 4	12	0.180 2	13

（三）知识产权保护二级指标分析

1. 指标设计

知识产权保护指标下设 2 个二级指标：知识产权保护 – 行政执法和知识产权保护 – 维权援助（图 4–4）。

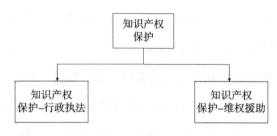

图 4-4　知识产权保护二级指标设计

2. 地区知识产权保护实力分析

从 2 项二级指标江苏省前三位的分布来看，知识产权保护 – 行政执法指标前三位依次是常州市、苏州市、南通市，知识产权保护 – 维权援助指标前三位依次是徐州市、盐城市、南京市。

从各地区 2 项二级指标发展的均衡性来看，南京市、南通市、连云港市、淮安市、盐城市、镇江市、泰州市 7 个设区市的知识产权保护 – 行政执法、知识产权保护 – 维权援助 2 项二级指标发展较为均衡，2 项指标江苏省位次的差异不超过 3（表 4-4）。

表 4-4　2022 年江苏知识产权保护及其二级指标

地区	知识产权保护		知识产权保护 – 行政执法		知识产权保护 – 维权援助	
	指数	排名	指数	排名	指数	排名
南京市	0.655 5	6	0.634 1	5	0.691 1	3
无锡市	0.377 3	12	0.282 6	13	0.535 1	8
徐州市	0.706 7	2	0.626 7	6	0.840 0	1
常州市	0.766 3	1	0.866 1	1	0.600 0	5
苏州市	0.688 3	5	0.827 3	2	0.456 6	11
南通市	0.703 9	3	0.747 4	3	0.631 4	4
连云港市	0.530 9	7	0.545 6	7	0.506 5	10
淮安市	0.374 4	13	0.394 2	10	0.341 4	12
盐城市	0.688 4	4	0.666 8	4	0.724 4	2

地区	知识产权保护		知识产权保护 – 行政执法		知识产权保护 – 维权援助	
	指数	排名	指数	排名	指数	排名
扬州市	0.395 4	10	0.436 3	9	0.327 3	13
镇江市	0.502 0	8	0.453 4	8	0.583 1	7
泰州市	0.388 1	11	0.311 1	12	0.516 5	9
宿迁市	0.451 9	9	0.363 0	11	0.600 0	5

（四）知识产权环境二级指标分析

1. 指标设计

知识产权环境指标下设 3 个二级指标：知识产权环境 – 管理、知识产权环境 – 服务和知识产权环境 – 人才（图 4-5）。

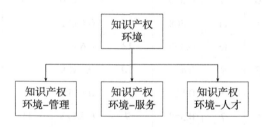

图 4-5　知识产权环境二级指标设计

2. 地区知识产权环境实力分析

总体来看，二级指标知识产权环境 – 管理呈现"苏南高、苏北低"的特征。从 3 项二级指标江苏省前三位的分布来看，知识产权环境 – 管理指标前三位依次是苏州市、南京市、无锡市，均为苏南城市；知识产权环境 – 服务指标前三位依次是扬州市、盐城市、苏州市；知识产权环境 – 人才指标前三位依次是苏州市、南京市、常州市，均为苏南城市。13 个设区市中，苏州市 3 项指标均位居江苏省前三位。

从各地区 3 项二级指标发展的均衡性来看，仅有常州市、苏州市 2 个设区市的知识产权环境 – 管理、知识产权环境 – 服务、知识产权环境 – 人才 3 项二级指标发展较为均衡，3 项二级指标江苏省位次的差异不超过 3（表 4–5）。

表 4–5　2022 年江苏知识产权环境及其二级指标

地区	知识产权环境		知识产权环境 – 管理		知识产权环境 – 服务		知识产权环境 – 人才	
	指数	排名	指数	排名	指数	排名	指数	排名
南京市	0.781 0	2	0.831 1	2	0.642 4	9	0.816 2	2
无锡市	0.613 5	4	0.692 9	3	0.647 9	8	0.352 3	9
徐州市	0.488 4	10	0.464 8	9	0.668 8	5	0.327 7	10
常州市	0.670 3	3	0.685 5	4	0.662 5	6	0.637 9	3
苏州市	0.928 1	1	0.977 6	1	0.761 8	3	1.000 0	1
南通市	0.553 6	8	0.630 3	5	0.583 0	10	0.306 2	11
连云港市	0.458 5	11	0.368 1	11	0.652 2	7	0.465 0	7
淮安市	0.374 4	13	0.359 1	13	0.683 4	4	0.030 0	13
盐城市	0.503 2	9	0.461 7	10	0.864 9	2	0.165 0	12
扬州市	0.602 3	5	0.521 5	8	0.865 9	1	0.495 0	6
镇江市	0.572 6	7	0.558 9	7	0.580 8	11	0.600 0	5
泰州市	0.601 4	6	0.609 4	6	0.577 0	12	0.610 0	4
宿迁市	0.418 8	12	0.361 5	12	0.568 0	13	0.390 0	8

三、地区知识产权实力三级指标分析

（一）知识产权创造三级指标分析

1. 知识产权创造 – 数量指标

（1）指标设计

知识产权创造 – 数量指标下设 6 个三级指标：专利授权量、发明专利授权量、PCT 国际专利申请量、商标注册量、地理标志商标数量、集成电路布图设计登记发证数量（图 4-6）。

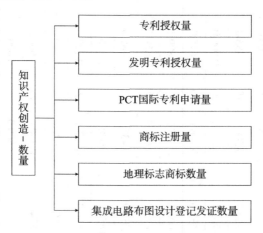

图 4-6 知识产权创造 – 数量三级指标设计

（2）知识产权创造 – 数量指标分析

总体来看，专利授权量、发明专利授权量、PCT 国际专利申请量、商标注册量、集成电路布图设计登记发证数量 5 项三级指标均呈现"苏南高、苏北低"的特征。从 6 项三级指标江苏省前三位的分布来看，专利授权量、发明专利授权量、PCT 国际专利申请量、商标注册量、集成电路布图设计登记发证数量 5 项指标的前三位均分布在南京市、无锡市和苏州市，均为苏南城市；地理标志商标数量指标前三位依次是淮安市、盐城市和扬州市。13 个设区市中，苏州市专利授权量、PCT 国际专利申请量、商标注册量 3 项三级指标均为江苏省首位；南京市发明专利授权量、集成电路布图设计登记发证数量 2 项三级指标均为江苏省首位。

从各地区 6 项三级指标发展的均衡性来看，仅有南通市 6 项三级指标江苏省位次的差异为 2，指标间发展较为均衡。其他 12 个设区市 6 项三级指标江苏省位次的差异均超过 3，指标间发展较为不均衡（表 4-6）。

表 4–6　2022 年江苏知识产权创造–数量及其三级指标

地区	知识产权创造–数量		专利授权量		发明专利授权量		PCT 国际专利申请量		商标注册量		地理标志商标数量		集成电路布图设计登记发证数量	
	指数	排名	指数	排名	指数	排名	指数	排名	指数	排名	指数	排名	指数	排名
南京市	0.849 3	2	0.777 5	2	1.000 0	1	0.781 8	2	0.908 4	2	0.618 2	5	1.000 0	1
无锡市	0.696 1	3	0.726 4	3	0.682 6	3	0.673 9	3	0.705 2	3	0.500 0	10	0.885 0	3
徐州市	0.613 0	6	0.608 4	6	0.635 6	6	0.600 0	7	0.703 1	4	0.566 7	8	0.600 0	7
常州市	0.630 0	5	0.681 4	4	0.655 0	4	0.659 2	4	0.633 0	6	0.500 0	10	0.615 0	5
苏州市	0.895 5	1	1.000 0	1	0.876 4	2	1.000 0	1	1.000 0	1	0.607 3	6	0.899 1	2
南通市	0.640 3	4	0.639 6	5	0.646 9	5	0.604 7	6	0.695 0	5	0.650 9	4	0.629 0	4
连云港市	0.341 1	12	0.202 0	13	0.206 4	11	0.497 2	8	0.388 2	12	0.433 3	12	0.480 0	8
淮安市	0.342 7	11	0.283 4	12	0.200 7	12	0.152 5	12	0.458 0	11	1.000 0	1	0.120 0	10
盐城市	0.472 2	9	0.600 0	7	0.479 2	8	0.275 1	11	0.590 2	8	0.760 0	2	0.120 0	10
扬州市	0.477 4	8	0.566 2	8	0.466 2	9	0.334 8	10	0.600 0	7	0.680 0	3	0.240 0	9
镇江市	0.527 1	7	0.491 1	10	0.600 0	7	0.615 6	5	0.334 2	13	0.400 0	13	0.606 5	6
泰州市	0.382 2	10	0.492 7	9	0.377 8	10	0.344 8	9	0.468 0	10	0.600 0	7	0.000 0	13
宿迁市	0.253 6	13	0.292 5	11	0.151 2	13	0.063 0	13	0.532 5	9	0.533 3	9	0.120 0	10

2.知识产权创造－质量指标

（1）指标设计

知识产权创造－质量指标下设4个三级指标：发明专利授权量占比、发明专利授权率、高价值发明专利拥有量、专利获奖数量（图4-7）。

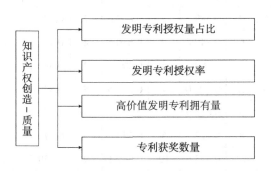

图4-7 知识产权创造－质量三级指标设计

（2）知识产权创造－质量指标分析

总体来看，发明专利授权量占比、发明专利授权率、高价值发明专利拥有量、专利获奖数量4项三级指标均呈现"苏南高、苏北低"的特征。从4项三级指标江苏省前三位的分布来看，发明专利授权量占比指标前三位依次是南京市、徐州市、镇江市；发明专利授权率指标前三位依次是南京市、常州市、镇江市，均为苏南城市；高价值发明专利拥有量指标前三位依次是南京市、苏州市、无锡市，均为苏南城市；专利获奖数量指标前三位依次是南京市、苏州市、无锡市，均为苏南城市。13个设区市中，南京市4项指标均位居江苏省首位。

从各地区4项三级指标发展的均衡性来看，南京市、淮安市、盐城市、扬州市、宿迁市5个设区市4项三级指标江苏省位次的差异不超过3，指标间发展较为均衡（表4-7）。

表 4-7　2022 年江苏知识产权创造 - 质量及其三级指标

地区	知识产权创造 - 质量		发明专利授权量占比		发明专利授权率		高价值发明专利拥有量		专利获奖数量	
	指数	排名	指数	排名	指数	排名	指数	排名	指数	排名
南京市	1.000 0	1	1.000 0	1	1.000 0	1	1.000 0	1	1.000 0	1
无锡市	0.645 5	7	0.589 3	8	0.600 0	7	0.758 8	3	0.678 7	3
徐州市	0.649 2	6	0.749 6	2	0.680 5	4	0.421 7	9	0.659 0	5
常州市	0.672 3	3	0.603 3	6	0.895 7	2	0.697 4	4	0.645 9	6
苏州市	0.706 6	2	0.600 0	7	0.588 5	8	0.829 6	2	0.908 2	2
南通市	0.653 4	5	0.672 9	4	0.552 1	10	0.659 9	6	0.672 1	4
连云港市	0.522 7	8	0.622 4	5	0.633 6	5	0.374 7	11	0.375 0	8
淮安市	0.351 7	12	0.453 6	12	0.567 1	9	0.239 9	12	0.075 0	11
盐城市	0.431 1	11	0.511 5	10	0.502 7	12	0.392 3	10	0.225 0	9
扬州市	0.453 7	10	0.527 3	9	0.527 9	11	0.564 8	8	0.075 0	11
镇江市	0.671 0	4	0.675 5	3	0.708 8	3	0.696 0	5	0.600 0	7
泰州市	0.468 8	9	0.491 1	11	0.600 8	6	0.600 0	7	0.150 0	10
宿迁市	0.242 1	13	0.331 2	13	0.484 6	13	0.112 0	13	0.000 0	13

3. 知识产权创造 - 效率指标

（1）指标设计

知识产权创造 - 效率指标下设 6 个三级指标：每万人口发明专利拥有量、每百亿元 GDP 专利授权量、每十亿元 GDP 发明专利拥有量、每百亿元 GDP 高维持年限发明专利拥有量、万企有效注册商标企业数、每万户企业注册商标拥有量（图 4-8）。

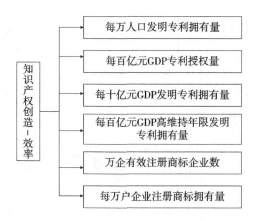

图4-8　知识产权创造－效率三级指标设计

（2）知识产权创造－效率指标分析

从6项三级指标江苏省前三位的分布来看，每万人口发明专利拥有量指标前三位依次是南京市、苏州市、无锡市，均为苏南城市；每百亿元GDP专利授权量指标前三位依次是苏州市、常州市、南京市，均为苏南城市；每十亿元GDP发明专利拥有量指标前三位依次是南京市、苏州市、镇江市，均为苏南城市；每百亿元GDP高维持年限发明专利拥有量指标前三位依次是苏州市、南京市、南通市；万企有效注册商标企业数指标前三位依次是南通市、常州市、苏州市；每万户企业注册商标拥有量指标前三位依次是苏州市、南京市、常州市，均为苏南城市。13个设区市中，苏州市6项三级指标均进入江苏省前三位。

从各地区6项三级指标发展的均衡性来看，常州市、苏州市、淮安市、扬州市4个设区市6项三级指标江苏省位次的差异不超过3，指标间发展较为均衡（表4-8）。

表 4-8　2022 年江苏知识产权创造－效率及其三级指标

地区	知识产权创造－效率		每万人口发明专利拥有量		每百亿元GDP专利授权量		每十亿元GDP发明专利拥有量		每百亿元GDP高维持年限发明专利拥有量		万企有效注册商标企业数		每万户企业注册商标拥有量	
	指数	排名	指数	排名	指数	排名	指数	排名	指数	排名	指数	排名	指数	排名
南京市	0.874 1	1	1.000 0	1	0.800 6	3	1.000 0	1	0.921 1	2	0.600 0	7	0.981 9	2
无锡市	0.717 5	5	0.736 3	3	0.743 8	4	0.600 0	7	0.849 3	4	0.694 0	4	0.637 9	5
徐州市	0.562 4	7	0.600 0	7	0.577 4	9	0.601 1	6	0.355 5	10	0.645 9	5	0.600 0	7
常州市	0.770 8	3	0.716 5	5	0.849 3	2	0.608 8	5	0.748 2	5	0.961 5	2	0.728 0	3
苏州市	0.873 9	2	0.829 4	2	1.000 0	1	0.745 2	2	1.000 0	1	0.813 8	3	1.000 0	1
南通市	0.757 3	4	0.689 9	6	0.600 0	7	0.634 8	4	0.871 6	3	1.000 0	1	0.647 3	4
连云港市	0.405 2	11	0.267 8	11	0.366 9	13	0.289 2	11	0.461 7	8	0.609 0	6	0.605 1	6
淮安市	0.323 7	12	0.252 1	12	0.434 6	12	0.227 9	12	0.208 2	12	0.466 3	12	0.544 1	9
盐城市	0.445 3	10	0.449 0	10	0.610 5	6	0.400 1	8	0.381 4	9	0.403 7	13	0.494 0	11
扬州市	0.475 4	9	0.568 1	9	0.579 5	8	0.344 0	10	0.347 5	11	0.529 9	9	0.505 2	10
镇江市	0.645 0	6	0.729 5	4	0.672 0	5	0.677 7	3	0.702 1	6	0.487 7	11	0.459 8	13
泰州市	0.527 7	8	0.595 4	8	0.559 6	10	0.395 3	9	0.600 0	7	0.510 4	10	0.462 0	12
宿迁市	0.308 8	13	0.141 4	13	0.517 2	11	0.161 5	13	0.142 9	13	0.564 5	8	0.591 3	8

（二）知识产权运用三级指标分析

1. 知识产权运用－数量指标

（1）指标设计

知识产权运用－数量指标下设 4 个三级指标：专利实施许可合同备案量、专利实施许可合同备案涉及专利量、知识产权质押项目数、知识产权技术合同成交数量（图 4-9）。

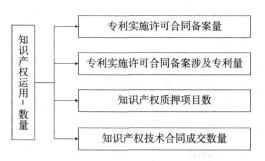

图 4-9 知识产权运用－数量三级指标设计

（2）知识产权运用－数量指标分析

从 4 项三级指标江苏省前三位的分布来看，专利实施许可合同备案量指标前三位依次是南京市、淮安市、徐州市；专利实施许可合同备案涉及专利量指标前三位依次是南京市、淮安市、徐州市；知识产权质押项目数指标前三位依次是南京市、苏州市、南通市；知识产权技术合同成交数量指标前三位依次是南京市、无锡市、苏州市，均为苏南城市。13 个设区市中，南京市 4 项三级指标均位居江苏省首位。

从各地区 4 项三级指标发展的均衡性来看，南京市、连云港市 2 个设区市 4 项三级指标江苏省位次的差异不超过 3，指标间发展较为均衡（表 4-9）。

表 4-9 2022 年江苏知识产权运用 - 数量及其三级指标

地区	知识产权运用 - 数量		专利实施许可合同备案量		专利实施许可合同备案涉及专利量		知识产权质押项目数		知识产权技术合同成交数量	
	指数	排名	指数	排名	指数	排名	指数	排名	指数	排名
南京市	1.000 0	1	1.000 0	1	1.000 0	1	1.000 0	1	1.000 0	1
无锡市	0.692 1	2	0.623 1	6	0.709 6	4	0.801 5	4	0.632 8	2
徐州市	0.682 3	4	0.796 2	3	0.744 7	3	0.750 4	5	0.353 6	11
常州市	0.429 9	9	0.418 9	9	0.170 3	11	0.600 0	7	0.604 6	5
苏州市	0.684 9	3	0.630 8	5	0.649 5	6	0.834 3	2	0.631 1	3
南通市	0.631 2	6	0.594 3	8	0.507 0	9	0.821 2	3	0.628 5	4
连云港市	0.143 5	13	0.045 3	13	0.015 7	13	0.404 0	11	0.147 4	12
淮安市	0.665 1	5	0.812 3	2	0.774 0	2	0.561 4	8	0.431 2	9
盐城市	0.348 9	11	0.254 7	10	0.086 5	12	0.681 8	6	0.448 8	8
扬州市	0.602 6	7	0.680 0	4	0.600 0	7	0.513 9	10	0.604 6	6
镇江市	0.506 2	8	0.600 0	7	0.656 7	5	0.338 6	12	0.365 2	10
泰州市	0.381 3	10	0.237 7	11	0.239 7	10	0.531 7	9	0.600 0	7
宿迁市	0.281 4	12	0.101 9	12	0.530 6	8	0.314 9	13	0.143 5	13

2.知识产权运用 - 效果指标

（1）指标设计

知识产权运用 - 效果指标下设 3 个三级指标：知识产权技术合同成交金额、专利质押融资金额、商标质押融资金额（图 4-10）。

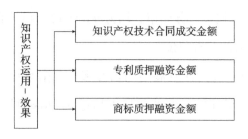

图 4-10 知识产权运用 - 效果三级指标设计

（2）知识产权运用 – 效果指标分析

总体来看，知识产权技术合同成交金额、专利质押融资金额 2 项指标均呈现"苏南高、苏北低"的特征。从 3 项三级指标江苏省前三位的分布来看，知识产权技术合同成交金额指标前三位依次是南京市、苏州市、无锡市，均为苏南城市；专利质押融资金额指标前三位依次是苏州市、南京市、南通市；商标质押融资金额指标前三位依次是常州市、苏州市、连云港市。13 个设区市中，苏州市 3 项指标均位居全省前两位。

从各地区 3 项三级指标发展的均衡性来看，苏州市、南通市、淮安市、盐城市、扬州市、镇江市、宿迁市 7 个设区市 3 项三级指标江苏省位次的差异不超过 3，指标间发展较为均衡（表 4-10）。

表 4-10　2022 年江苏知识产权运用 – 效果及其三级指标

地区	知识产权运用 – 效果		知识产权技术合同成交金额		专利质押融资金额		商标质押融资金额	
	指数	排名	指数	排名	指数	排名	指数	排名
南京市	0.868 0	2	1.000 0	1	0.940 1	2	0.279 8	9
无锡市	0.734 0	4	0.677 7	3	0.788 8	4	0.600 0	7
徐州市	0.478 4	7	0.091 1	12	0.616 2	5	0.632 5	5
常州市	0.440 6	10	0.622 0	4	0.235 6	12	1.000 0	1
苏州市	0.989 3	1	0.981 5	2	1.000 0	1	0.956 5	2
南通市	0.738 7	3	0.619 4	5	0.808 4	3	0.663 5	4
连云港市	0.519 2	6	0.238 7	10	0.600 0	7	0.716 3	3
淮安市	0.466 8	9	0.456 9	8	0.488 6	10	0.388 7	8
盐城市	0.475 3	8	0.367 1	9	0.582 7	8	0.208 7	10
扬州市	0.611 5	5	0.600 0	7	0.613 9	6	0.623 7	6
镇江市	0.383 2	11	0.198 2	11	0.525 7	9	0.111 5	12
泰州市	0.363 3	12	0.605 5	6	0.325 3	11	0.049 8	13
宿迁市	0.180 2	13	0.052 4	13	0.232 4	13	0.200 6	11

（三）知识产权保护三级指标分析

1.知识产权保护 - 行政执法指标

（1）指标设计

知识产权保护 - 行政执法指标下设 3 个三级指标：专利侵权纠纷立案量、专利假冒案件立案量、"正版正货"承诺企业数量（图 4-11）。

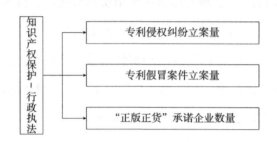

图 4-11 知识产权保护 - 行政执法三级指标设计

（2）知识产权保护 - 行政执法指标分析

从 3 项三级指标江苏省前三位的分布来看，专利侵权纠纷立案量指标前三位依次是南通市、镇江市、常州市；专利假冒案件立案量指标前三位依次是常州市、苏州市、连云港市；"正版正货"承诺企业数量指标前三位依次是徐州市、苏州市、常州市。13 个设区市中，常州市 3 项指标均位居全省前三位。

从各地区 3 项三级指标发展的均衡性来看，常州市、苏州市、泰州市 3 个设区市 3 项三级指标江苏省位次的差异不超过 3，指标间发展较为均衡（表 4-11）。

表4-11 2022年江苏知识产权保护 – 行政执法及其三级指标

地区	知识产权保护 – 行政执法		专利侵权纠纷立案量		专利假冒案件立案量		"正版正货"承诺企业数量	
	指数	排名	指数	排名	指数	排名	指数	排名
南京市	0.634 1	5	0.687 3	4	0.400 0	8	0.866 7	4
无锡市	0.282 6	13	0.608 5	6	0.000 0	11	0.227 0	12
徐州市	0.626 7	6	0.563 0	8	0.400 0	8	1.000 0	1
常州市	0.866 1	1	0.711 1	3	1.000 0	1	0.893 3	3
苏州市	0.827 3	2	0.633 9	5	0.948 6	2	0.920 0	2
南通市	0.747 4	3	1.000 0	1	0.609 3	5	0.600 0	7
连云港市	0.545 6	7	0.322 6	12	0.764 2	3	0.551 4	8
淮安市	0.394 2	10	0.297 9	13	0.607 8	6	0.243 2	11
盐城市	0.666 8	4	0.454 1	9	0.744 7	4	0.840 0	5
扬州市	0.436 3	9	0.600 0	7	0.000 0	11	0.786 7	6
镇江市	0.453 4	8	0.793 7	2	0.100 0	10	0.470 3	10
泰州市	0.311 1	12	0.447 9	10	0.000 0	11	0.535 1	9
宿迁市	0.363 0	11	0.345 2	11	0.600 0	7	0.081 1	13

2. 知识产权保护 – 维权援助指标

（1）指标设计

知识产权保护 – 维权援助指标下设2个三级指标：维权援助中心及分支机构数量、维权援助中心举报投诉受理量（图4-12）。

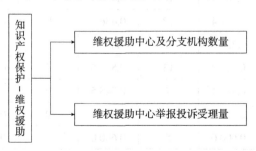

图4-12 知识产权保护 – 维权援助三级指标设计

（2）知识产权保护 – 维权援助指标分析

总体来看，维权援助中心及分支机构数量指标呈现出"苏南高"的特征。从 2 项三级指标江苏省前三位的分布来看，维权援助中心及分支机构数量指标前三位依次是常州市、无锡市、南京市和徐州市；维权援助中心举报投诉受理量指标前三位依次是徐州市、盐城市、南通市。13 个设区市中，徐州市 2 项指标均位居全省前三位。

从各地区 2 项三级指标发展的均衡性来看，南京市、徐州市、淮安市、盐城市、扬州市、泰州市、宿迁市 7 个设区市 2 项三级指标江苏省位次的差异不超过 3，指标间发展较为均衡（表 4–12）。

表 4–12　2022 年江苏知识产权保护 – 维权援助及其三级指标

地区	知识产权保护 –维权援助		维权援助中心及分支机构数量		维权援助中心举报投诉受理量	
	指数	排名	指数	排名	指数	排名
南京市	0.691 1	3	0.733 3	3	0.627 8	5
无锡市	0.535 1	8	0.866 7	2	0.037 7	11
徐州市	0.840 0	1	0.733 3	3	1.000 0	1
常州市	0.600 0	5	1.000 0	1	0.000 0	12
苏州市	0.456 6	11	0.644 4	5	0.174 9	10
南通市	0.631 4	4	0.600 0	7	0.678 4	3
连云港市	0.506 5	10	0.436 4	12	0.611 6	6
淮安市	0.341 4	12	0.436 4	12	0.198 9	9
盐城市	0.724 4	2	0.644 4	5	0.844 4	2
扬州市	0.327 3	13	0.545 5	9	0.000 0	12
镇江市	0.583 1	7	0.545 5	9	0.639 7	4
泰州市	0.516 5	9	0.545 5	9	0.473 1	8
宿迁市	0.600 0	5	0.600 0	7	0.600 0	7

（四）知识产权环境三级指标分析

1. 知识产权环境 – 管理指标

（1）指标设计

知识产权环境 – 管理指标下设 5 个三级指标：知识产权专项经费投入、知识产权管理机构人员数、省级知识产权示范园区数、知识产权贯标企业数量、知识产权战略推进计划项目数（图 4-13）。

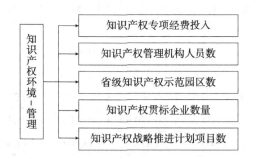

图 4-13　知识产权环境 – 管理三级指标设计

（2）知识产权环境 – 管理指标分析

总体来看，知识产权专项经费投入、省级知识产权示范园区数、知识产权战略推进计划项目数 3 项指标均呈现"苏南高、苏北低"的特征。从 5 项三级指标江苏省前三位的分布来看，知识产权专项经费投入指标前三位依次是苏州市、南京市、南通市；知识产权管理机构人员数指标前三位依次是南京市、苏州市、泰州市；省级知识产权示范园区数指标前三位依次是苏州市、南京市、无锡市，均为苏南城市；知识产权贯标企业数量指标前三位依次是苏州市、南京市、常州市，均为苏南城市；知识产权战略推进计划项目数指标前三位依次是苏州市、常州市、南京市，均为苏南城市。13 个设区市中，南京市、苏州市 5 项三级指标均进入江苏省前三位。

从各地区 5 项三级指标发展的均衡性来看，南京市、无锡市、苏州市 3 个设区市 5 项三级指标江苏省位次的差异不超过 3，指标间发展较为均衡（表 4-13）。

表 4-13　2022 年江苏知识产权环境 - 管理及其三级指标

地区	知识产权环境－管理		知识产权专项经费投入		知识产权管理机构人员数		省级知识产权示范园区数		知识产权贯标企业数量		知识产权战略推进计划项目数	
	指数	排名	指数	排名	指数	排名	指数	排名	指数	排名	指数	排名
南京市	0.831 1	2	0.821 6	2	1.000 0	1	0.800 0	2	0.908 1	2	0.736 7	3
无锡市	0.692 9	3	0.638 8	4	0.753 8	4	0.750 0	3	0.763 5	4	0.615 2	6
徐州市	0.464 8	9	0.600 0	7	0.692 3	5	0.700 0	4	0.321 9	11	0.307 7	10
常州市	0.685 5	4	0.634 7	5	0.490 9	9	0.650 0	6	0.801 8	3	0.741 8	2
苏州市	0.977 6	1	1.000 0	1	0.876 9	2	1.000 0	1	1.000 0	1	1.000 0	1
南通市	0.630 3	5	0.692 1	3	0.436 4	11	0.700 0	4	0.647 7	5	0.670 9	4
连云港市	0.368 1	11	0.146 7	12	0.600 0	6	0.600 0	7	0.234 3	13	0.246 2	12
淮安市	0.359 1	13	0.133 0	13	0.436 4	11	0.600 0	7	0.282 5	12	0.276 9	11
盐城市	0.461 7	10	0.626 4	6	0.600 0	6	0.300 0	13	0.600 0	7	0.392 3	9
扬州市	0.521 5	8	0.323 1	10	0.600 0	6	0.600 0	7	0.618 1	6	0.430 8	8
镇江市	0.558 9	7	0.320 2	11	0.490 9	9	0.600 0	7	0.462 0	9	0.640 5	5
泰州市	0.609 4	6	0.472 1	8	0.784 6	3	0.600 0	7	0.499 3	8	0.600 0	7
宿迁市	0.361 5	12	0.405 5	9	0.327 3	13	0.600 0	7	0.457 7	10	0.223 1	13

2. 知识产权环境－服务指标

（1）指标设计

知识产权环境－服务指标下设 3 个三级指标：专利申请代理率、商标申请代理率、知识产权服务机构数量（图 4-14）。

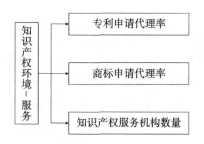

图 4-14 知识产权环境 – 服务三级指标设计

（2）知识产权环境 – 服务指标分析

总体来看，知识产权服务机构数量指标呈现"苏南高、苏北低"的特征。从 3 项三级指标江苏省前三位的分布来看，专利申请代理率指标前三位依次是连云港市、无锡市、南京市；商标申请代理率指标前三位依次是盐城市、扬州市、苏州市；知识产权服务机构数量指标前三位依次是苏州市、南京市、无锡市，均为苏南城市。

从各地区 3 项三级指标发展的均衡性来看，徐州市、常州市、镇江市、宿迁市 4 个设区市 3 项三级指标江苏省位次的差异不超过 3，指标间发展较为均衡（表 4-14）。

表 4-14 2022 年江苏知识产权环境 – 服务及其三级指标

地区	知识产权环境 – 服务		专利申请代理率		商标申请代理率		知识产权服务机构数量	
	指数	排名	指数	排名	指数	排名	指数	排名
南京市	0.642 4	9	0.784 4	3	0.567 5	13	0.883 0	2
无锡市	0.647 9	8	0.823 4	2	0.587 6	11	0.718 5	3
徐州市	0.668 8	5	0.713 3	4	0.653 3	5	0.688 7	4
常州市	0.662 5	6	0.712 9	5	0.648 5	6	0.659 5	5
苏州市	0.761 8	3	0.552 6	11	0.787 5	3	1.000 0	1
南通市	0.583 0	10	0.517 7	13	0.594 1	9	0.635 5	6

续表

地区	知识产权环境-服务		专利申请代理率		商标申请代理率		知识产权服务机构数量	
	指数	排名	指数	排名	指数	排名	指数	排名
连云港市	0.652 2	7	1.000 0	1	0.586 4	12	0.417 1	11
淮安市	0.683 4	4	0.570 1	10	0.770 9	4	0.297 1	13
盐城市	0.864 9	2	0.593 2	8	1.000 0	1	0.462 9	9
扬州市	0.865 9	1	0.632 1	6	0.970 7	2	0.600 0	7
镇江市	0.580 8	11	0.600 0	7	0.597 9	8	0.422 9	10
泰州市	0.577 0	12	0.545 1	12	0.600 0	7	0.480 0	8
宿迁市	0.568 0	13	0.579 6	9	0.593 6	10	0.365 7	12

3.知识产权环境-人才指标

（1）指标设计

知识产权环境-人才指标下设 2 个三级指标：通过全国专利代理人资格考试人数、知识产权副高级以上职称人数（图 4-15）。

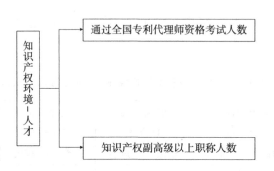

图 4-15　知识产权环境-人才三级指标设计

（2）知识产权环境-人才指标分析

总体来看，通过全国专利代理师资格考试人数、知识产权副高级以上职称人数 2 项三级指标均呈现"苏南高、苏北低"的特征。从 2 项三级指标江苏省前三位的分布来看，通过全国专利代理师资格考试人数指标前三位依次是苏州市、南京市、无锡市，均为苏南城市；知识产权副高级以上职称人数指标前三位依次是苏州市、南京市、泰州市。13 个设区市中，苏州市、南京市 2 项三级指标均为江苏省第一位、第二位。

从各地区 2 项三级指标发展的均衡性来看，南京市、常州市、苏州市 3 个设区市 2 项三级指标江苏省位次的差异均为 0，指标间发展较为均衡（表 4-15）。

表 4-15　2022 年江苏知识产权环境 – 人才及其三级指标

地区	知识产权 环境 – 人才		通过全国专利代理人 资格考试人数		知识产权副高级以上 职称人数	
	指数	排名	指数	排名	指数	排名
南京市	0.816 2	2	0.932 3	2	0.700 0	2
无锡市	0.352 3	9	0.704 6	3	0.000 0	9
徐州市	0.327 7	10	0.655 4	5	0.000 0	9
常州市	0.637 9	3	0.675 9	4	0.600 0	4
苏州市	1.000 0	1	1.000 0	1	1.000 0	1
南通市	0.306 2	11	0.612 3	6	0.000 0	9
连云港市	0.465 0	7	0.330 0	10	0.600 0	4
淮安市	0.030 0	13	0.060 0	13	0.000 0	9
盐城市	0.165 0	12	0.330 0	10	0.000 0	9
扬州市	0.495 0	6	0.390 0	9	0.600 0	4
镇江市	0.600 0	5	0.600 0	7	0.600 0	4
泰州市	0.610 0	4	0.570 0	8	0.650 0	3
宿迁市	0.390 0	8	0.180 0	12	0.600 0	4

第五章　地区知识产权实力分项指标分析

一、南京市知识产权实力分项指标分析

2022 年南京市知识产权实力指数为 0.839 3，位居全省首位。如图 5-1 所示，南京市知识产权创造、知识产权运用、知识产权保护和知识产权环境 4 项一级指标发展比较均衡。

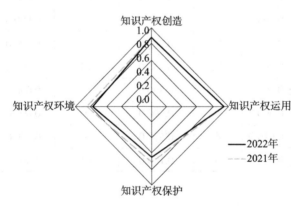

图 5-1　2021—2022 年南京市知识产权实力一级指标指数

2022 年，南京市知识产权创造指标指数为 0.904 7，位居全省首位。知

识产权创造－数量、知识产权创造－质量和知识产权创造－效率 3 项二级指标分别位居全省第 2 位、第 1 位和第 1 位。16 项三级指标中，有 13 项指标位居全省前两位，有 8 项指标位居全省首位。截至 2022 年年底，南京市有效发明专利量 113 788 件，同比增长 27.95%。从技术领域小类来看，有效发明专利量前三位的技术领域分别是计算机技术 13 767 件，测量 12 561 件，电机、电气装置、电能 9106 件，合计 35 434 件，占南京市有效发明专利总量的 31.14%。从重点企业专利权人来看，有效发明专利量前三位的企业分别是国电南瑞科技股份有限公司（1509 件）、南京南瑞继保电气有限公司（1060件）、上海梅山钢铁股份有限公司（667 件）。

从先进制造业集群发明专利授权量来看，2022 年南京市软件与信息服务产业集群发明专利授权量 5421 件，居全省第 1 位，其中，工业软件领域发明专利授权量达到 3092 件，居全省第 1 位。从重点企业来看，国电南瑞科技股份有限公司、江苏苏宁云计算有限公司、南京南瑞继保电气有限公司2022 年度软件与信息服务产业发明专利授权量分别为 169 件、111 件、105件。依托较为完善的电子信息制造产业链，南京市聚集了众多软件和信息技术服务业重点企业。2022 年南京市软件与信息技术服务业规模达 7408 亿元，位居全省首位。

2022 年，南京市知识产权运用指标指数为 0.950 5，位居全省首位。知识产权运用－数量和知识产权运用－效果 2 项二级指标分别位居全省第 1 位和第 2 位，知识产权运用－效果指标排名较 2021 年上升 1 位。7 项三级指标中，专利实施许可合同备案量、专利实施许可合同备案涉及专利量、知识产权质押项目数、知识产权技术合同成交数量、知识产权技术合同成交金额 5 项指标均位居全省首位，专利质押融资金额、商标质押融资金额 2 项指标排名较2021 年分别上升 1 位和下降 2 位。

2022 年，南京市知识产权保护指标指数为 0.655 5，位居全省第 6 位，较 2021 年下降 5 位。知识产权保护 – 行政执法和知识产权保护 – 维权援助 2 项二级指标分别位居全省第 5 位和第 3 位。5 项三级指标中，专利侵权纠纷立案量、专利假冒案件立案量、"正版正货"承诺企业数量分别位居全省第 4 位、第 8 位、第 4 位，维权援助中心及分支机构数量、维权援助中心举报投诉受理量分别位居全省第 3 位和第 5 位，较 2021 年均下降 1 位。

2022 年，南京市知识产权环境指标指数为 0.781 0，位居全省第 2 位。知识产权环境 – 管理、知识产权环境 – 服务和知识产权环境 – 人才 3 项二级指标分别位居全省第 2 位、第 9 位和第 2 位，知识产权环境 – 服务指标排名较 2021 年下降 7 位。10 项三级指标中，有 9 项三级指标位居全省前三位，知识产权贯标企业数量、专利申请代理率 2 项指标排名较 2021 年分别上升 3 位和 5 位（表 5–1）。

表 5–1　南京市知识产权实力分项指标指数

序号	指标	2022 年		2021 年	
		指数	排名	指数	排名
	知识产权实力指数	0.839 3	1	0.864 0	1
	知识产权创造	0.904 7	1	0.897 3	1
	数量	0.849 3	2	0.844 8	2
1	专利授权量	0.777 5	2	0.761 4	2
2	发明专利授权量	1.000 0	1	1.000 0	1
3	PCT 国际专利申请量	0.781 8	2	0.815 2	2
4	商标注册量	0.908 4	2	0.867 3	2
5	地理标志商标数量	0.618 2	5	0.600 0	6
6	集成电路布图设计登记发证数量	1.000 0	1	1.000 0	1
	质量	1.000 0	1	0.969 9	1
7	发明专利授权量占比	1.000 0	1	1.000 0	1

序号	指标	2022 年		2021 年	
		指数	排名	指数	排名
8	发明专利授权率	1.000 0	1	0.960 4	2
9	高价值发明专利拥有量	1.000 0	1	1.000 0	1
10	专利获奖数量	1.000 0	1	0.864 2	2
	效率	0.874 1	1	0.877 0	2
11	每万人口发明专利拥有量	1.000 0	1	1.000 0	1
12	每百亿元 GDP 专利授权量	0.800 6	3	0.715 9	4
13	每十亿元 GDP 发明专利拥有量	1.000 0	1	1.000 0	1
14	每百亿元 GDP 高维持年限发明专利拥有量	0.921 1	2	0.952 7	2
15	万企有效注册商标企业数	0.600 0	7	0.665 9	5
16	每万户企业注册商标拥有量	0.981 9	2	0.918 9	2
	知识产权运用	0.950 5	1	0.939 5	1
	数量	1.000 0	1	1.000 0	1
17	专利实施许可合同备案量	1.000 0	1	1.000 0	1
18	专利实施许可合同备案涉及专利量	1.000 0	1	1.000 0	1
19	知识产权质押项目数	1.000 0	1	1.000 0	1
20	知识产权技术合同成交数量	1.000 0	1	1.000 0	1
	效果	0.868 0	2	0.838 8	3
21	知识产权技术合同成交金额	1.000 0	1	0.831 7	2
22	专利质押融资金额	0.940 1	2	0.895 0	3
23	商标质押融资金额	0.279 8	9	0.600 0	7
	知识产权保护	0.655 5	6	0.727 5	1
	行政执法	0.634 1	5	0.683 2	3
24	专利侵权纠纷立案量	0.687 3	4	0.609 1	5
25	专利假冒案件立案量	0.400 0	8	0.686 9	5
26	"正版正货"承诺企业数量	0.866 7	4	0.773 7	3
	维权援助	0.691 1	3	0.801 4	1

序号	指标	2022 年		2021 年	
		指数	排名	指数	排名
27	维权援助中心及分支机构数量	0.733 3	3	0.885 7	2
28	维权援助中心举报投诉受理量	0.627 8	5	0.674 8	4
	知识产权环境	0.781 0	2	0.858 6	1
	管理	0.831 1	2	0.818 8	2
29	知识产权专项经费投入	0.821 6	2	0.877 1	2
30	知识产权管理机构人员数	1.000 0	1	1.000 0	1
31	省级知识产权示范园区数	0.800 0	2	0.781 8	3
32	知识产权贯标企业数量	0.908 1	2	0.706 9	5
33	知识产权战略推进计划项目数	0.736 7	3	0.798 0	2
	服务	0.642 4	9	0.832 9	2
34	专利申请代理率	0.784 4	3	0.579 0	8
35	商标申请代理率	0.567 5	13	0.907 8	2
36	知识产权服务机构数量	0.883 0	2	0.816 3	2
	人才	0.816 2	2	1.000 0	1
37	通过全国专利代理师资格考试人数	0.932 3	2	1.000 0	1
38	知识产权副高级以上职称人数	0.700 0	2	1.000 0	1

二、无锡市知识产权实力分项指标分析

2022 年无锡市知识产权实力指数为 0.617 4，位居全省第 5 位。如图 5-2 所示，无锡市除知识产权保护外，知识产权创造、知识产权运用和知识产权环境 3 项一级指标发展较为均衡。

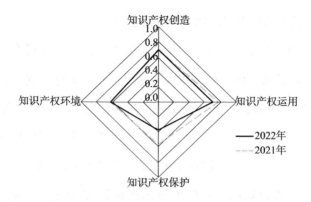

图 5-2　2021—2022 年无锡市知识产权实力一级指标指数

2022 年，无锡市知识产权创造指标指数为 0.694 2，位居全省第 5 位。知识产权创造 – 数量、知识产权创造 – 质量和知识产权创造 – 效率 3 项二级指标分别位居全省第 3 位、第 7 位和第 5 位。16 项三级指标中，有 8 项指标位居全省前三位。截至 2022 年年底，无锡市有效发明专利量 44 737 件，同比增长 20.03%。从技术领域小类来看，有效发明专利量前三位的技术领域分别是机器工具 3217 件，生物技术 2931 件，电机、电气装置、电能 2846 件，合计 8994 件，占无锡市有效发明专利总量的 20.10%。从重点企业专利权人来看，有效发明专利量前三位的企业分别是无锡小天鹅电器有限公司 1560 件、无锡华润上华科技有限公司 695 件、华进半导体封装先导技术研发中心有限公司 395 件。

从先进制造业集群发明专利授权量来看，2022 年无锡市半导体产业集群发明专利授权量 495 件，仅次于苏州，居全省第 2 位，其中，无锡市集成电路领域发明专利授权量 449 件，居全省第 2 位。从重点企业来看，华虹半导体（无锡）有限公司、江苏三月科技股份有限公司、无锡华润上华科技有限公司 2022 年度半导体产业发明专利授权量分别为 159 件、63 件、47 件。2022 年无锡市集成电路产业产值突破 2000 亿元大关，约占全国的八分之一，无锡是国家集成电路的南方基地、"湖湾硅谷"。

2022 年，无锡市知识产权运用指标指数为 0.707 8，位居全省第 3 位。知识产权运用－数量和知识产权运用－效果 2 项二级指标分别位居全省第 2 位和第 4 位。7 项三级指标中，专利实施许可合同备案涉及专利量指标位居全省第 4 位，较 2021 年上升 1 位；专利质押融资金额和商标质押融资金额指标位居全省第 4 位和第 7 位，较 2021 年分别下降 2 位和 6 位。

2022 年，无锡市知识产权保护指标指数为 0.377 3，位居全省第 12 位，较 2021 年下降 5 位。知识产权保护－行政执法和知识产权保护－维权援助 2 项二级指标分别位居全省第 13 位和第 8 位，较 2021 年下降 12 位和上升 5 位。5 项三级指标中，维权援助中心及分支机构数量和维权援助中心举报投诉受理量 2 项指标分别位居全省第 2 位和 11 位，较 2021 年上升 10 位和 1 位；"正版正货"承诺企业数量指标位居全省第 12 位，较 2021 年下降 11 位。

2022 年，无锡市知识产权环境指标指数为 0.613 5，位居全省第 4 位，较 2021 年上升 1 位。知识产权环境－管理、知识产权环境－服务和知识产权环境－人才 3 项二级指标分别位居全省第 3 位、第 8 位和第 9 位，较 2021 年分别上升 2 位、下降 2 位和下降 5 位。10 项三级指标中，4 项指标位居全省前三；商标申请代理率指标位居全省第 11 位，较 2021 年下降 4 位（表 5-2）。

表 5-2　无锡市知识产权实力分项指标指数

序号	指标	2022 年		2021 年	
		指数	排名	指数	排名
	知识产权实力指数	0.617 4	5	0.681 9	4
	知识产权创造	0.694 2	5	0.696 7	5
	数量	0.696 1	3	0.691 3	3

序号	指标	2022 年		2021 年	
		指数	排名	指数	排名
1	专利授权量	0.726 4	3	0.730 1	3
2	发明专利授权量	0.682 6	3	0.663 0	4
3	PCT 国际专利申请量	0.673 9	3	0.666 4	3
4	商标注册量	0.705 2	3	0.672 6	4
5	地理标志商标数量	0.500 0	10	0.562 5	8
6	集成电路布图设计登记发证数量	0.885 0	3	0.838 6	3
	质量	0.645 5	7	0.612 9	7
7	发明专利授权量占比	0.589 3	8	0.514 0	9
8	发明专利授权率	0.600 0	7	0.769 6	4
9	高价值发明专利拥有量	0.758 8	3	0.722 8	3
10	专利获奖数量	0.678 7	3	0.605 0	6
	效率	0.717 5	5	0.739 3	4
11	每万人口发明专利拥有量	0.736 3	3	0.745 5	3
12	每百亿元 GDP 专利授权量	0.743 8	4	0.723 9	3
13	每十亿元 GDP 发明专利拥有量	0.600 0	7	0.615 1	6
14	每百亿元 GDP 高维持年限发明专利拥有量	0.849 3	4	0.849 2	4
15	万企有效注册商标企业数	0.694 0	4	0.771 9	4
16	每万户企业注册商标拥有量	0.637 9	5	0.735 7	4
	知识产权运用	0.707 8	3	0.761 1	3
	数量	0.692 1	2	0.678 3	4
17	专利实施许可合同备案量	0.623 1	6	0.621 6	6
18	专利实施许可合同备案涉及专利量	0.709 6	4	0.604 3	5
19	知识产权质押项目数	0.801 5	4	0.822 8	2
20	知识产权技术合同成交数量	0.632 8	2	0.687 7	4
	效果	0.734 0	4	0.899 2	2
21	知识产权技术合同成交金额	0.677 7	3	0.703 6	3

续表

序号	指标	2022 年		2021 年	
		指数	排名	指数	排名
22	专利质押融资金额	0.788 8	4	0.963 7	2
23	商标质押融资金额	0.600 0	7	1.000 0	1
	知识产权保护	**0.377 3**	**12**	**0.576 9**	**7**
	行政执法	**0.282 6**	**13**	**0.759 6**	**1**
24	专利侵权纠纷立案量	0.608 5	6	0.625 2	3
25	专利假冒案件立案量	—	—	0.707 1	4
26	"正版正货"承诺企业数量	0.227 0	12	1.000 0	1
	维权援助	**0.535 1**	**8**	**0.272 4**	**13**
27	维权援助中心及分支机构数量	0.866 7	2	0.400 0	12
28	维权援助中心举报投诉受理量	0.037 7	11	0.081 1	12
	知识产权环境	**0.613 5**	**4**	**0.677 8**	**5**
	管理	**0.692 9**	**3**	**0.683 8**	**5**
29	知识产权专项经费投入	0.638 8	4	0.690 7	3
30	知识产权管理机构人员数	0.753 8	4	0.753 8	4
31	省级知识产权示范园区数	0.750 0	3	0.525 0	8
32	知识产权贯标企业数量	0.763 5	4	0.772 2	4
33	知识产权战略推进计划项目数	0.615 2	6	0.683 2	6
	服务	**0.647 9**	**8**	**0.692 0**	**6**
34	专利申请代理率	0.823 4	2	1.000 0	1
35	商标申请代理率	0.587 6	11	0.600 0	7
36	知识产权服务机构数量	0.718 5	3	0.720 1	3
	人才	**0.352 3**	**9**	**0.643 5**	**4**
37	通过全国专利代理师资格考试人数	0.704 6	3	0.666 3	4
38	知识产权副高级以上职称人数	—	—	0.620 8	5

注:"—"表示该项指标得分为 0,无法排名。下文表格中不再赘述。

三、徐州市知识产权实力分项指标分析

2022 年徐州市知识产权实力指数为 0.598 0，位居全省第 6 位。如图 5-3 所示，徐州市知识产权创造、知识产权运用、知识产权保护和知识产权环境 4 项一级指标发展不均衡，知识产权创造、知识产权运用和知识产权保护 3 项指标指数高于知识产权环境指标指数。

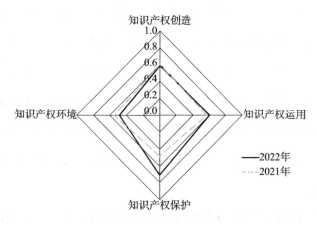

图 5-3　2021—2022 年徐州市知识产权实力一级指标指数

2022 年，徐州市知识产权创造指标指数为 0.594 5，位居全省第 7 位。知识产权创造 – 数量、知识产权创造 – 质量和知识产权创造 – 效率 3 项二级指标分别位居全省第 6 位、第 6 位和第 7 位。16 项三级指标中，PCT 国际专利申请量指标位居全省第 7 位，较 2021 年上升 1 位；发明专利授权量占比、发明专利授权率、每万人口发明专利拥有量、每十亿元 GDP 发明专利拥有量、每百亿元 GDP 高维持年限发明专利拥有量、万企有效注册商标企业数 6 项指标较 2021 年位次均有上升。截至 2022 年年底，徐州市有效发明专利量 25 562 件，同比增长 23.37%。从技术领域小类来看，有效发明专利量前三位的技术领域分别是土木工程 3389 件，机器工具 2368 件，装卸 2254 件，合计

8011 件，占徐州市有效发明专利总量的 31.34%。从重点企业专利权人来看，有效发明专利量前三位的企业分别是徐州重型机械有限公司 566 件、徐州博创建设发展集团有限公司 452 件、徐工集团工程机械股份有限公司 370 件。

从先进制造业集群发明专利授权量来看，2022 年徐州市高端装备产业集群发明专利授权量 1399 件，居全省第 3 位，其中，徐州市工程机械领域发明专利授权量 344 件，居全省第 1 位。从重点企业来看，江苏华源节水股份有限公司、徐州徐工挖掘机械有限公司、江苏徐工工程机械研究院有限公司 2022 年高端装备产业发明专利授权量分别为 38 件、33 件、33 件。徐州市拥有国家级制造业单项冠军企业 10 家，国家级专精特新"小巨人"企业 6 家、省级 73 家。尤其是工程机械产业，集聚了全球第一的卡特彼勒和全球第三、全国第一的徐工集团，以及 1800 余家工程机械上下游企业。2022 年徐州市工程机械领域规模以上工业营业收入达 1407 亿元，中国工程机械之都的地位进一步巩固。

2022 年，徐州市知识产权运用指标指数为 0.605 8，位居全省第 6 位，较 2021 年下降 1 位，知识产权运用 – 数量和知识产权运用 – 效果 2 项二级指标分别位居全省第 4 位和第 7 位，其中知识产权运用 – 数量指标排名较 2021 年上升 3 位。7 项三级指标中，专利实施许可合同备案量指标位居全省第 3 位；专利实施许可合同备案涉及专利量指标位居全省第 3 位，知识产权技术合同成交数量指标位居全省第 11 位，知识产权技术合同成交金额指标位居全省第 12 位，商标质押融资金额指标位居全省第 5 位，较 2021 年均上升 1 位。

2022 年，徐州市知识产权保护指标指数为 0.706 7，位居全省第 2 位，较 2021 年上升 8 位，知识产权保护 – 行政执法和知识产权保护 – 维权援助 2 项二级指标分别位居全省第 6 位和第 1 位，较 2021 年分别上升 4 位和 10 位。5

项三级指标中,"正版正货"承诺企业数量和维权援助中心举报投诉受理量2项指标均位居全省第1位,较2021年分别上升11位和1位。

2022年,徐州市知识产权环境指标指数为0.488 4,位居全省第10位,较2021年下降2位。知识产权环境 – 管理、知识产权环境 – 服务和知识产权环境 – 人才3项二级指标分别位居全省第9位、第5位和第10位,排名较2021年分别上升1位、上升4位和下降5位。10项三级指标中,知识产权贯标企业数量、专利申请代理率2项指标分别位居全省第11位和第4位,较2021年均下降1位(表5-3)。

表5-3　徐州市知识产权实力分项指标指数

序号	指标	2022 年		2021 年	
		指数	排名	指数	排名
	知识产权实力指数	0.598 0	6	0.558 4	6
	知识产权创造	0.594 5	7	0.593 5	7
	数量	0.613 0	6	0.614 2	6
1	专利授权量	0.608 4	6	0.633 2	5
2	发明专利授权量	0.635 6	6	0.637 4	6
3	PCT 国际专利申请量	0.600 0	7	0.577 8	8
4	商标注册量	0.703 1	4	0.692 1	3
5	地理标志商标数量	0.566 7	8	0.562 5	8
6	集成电路布图设计登记发证数量	0.600 0	7	0.600 0	7
	质量	0.649 2	6	0.635 2	5
7	发明专利授权量占比	0.749 6	2	0.665 4	4
8	发明专利授权率	0.680 5	4	0.600 0	7
9	高价值发明专利拥有量	0.421 7	9	0.600 0	7
10	专利获奖数量	0.659 0	5	0.630 2	5
	效率	0.562 4	7	0.567 2	7
11	每万人口发明专利拥有量	0.600 0	7	0.571 8	8

续表

序号	指标	2022 年		2021 年	
		指数	排名	指数	排名
12	每百亿元 GDP 专利授权量	0.577 4	9	0.664 0	5
13	每十亿元 GDP 发明专利拥有量	0.601 1	6	0.600 0	7
14	每百亿元 GDP 高维持年限发明专利拥有量	0.355 5	10	0.357 3	11
15	万企有效注册商标企业数	0.645 9	5	0.633 2	6
16	每万户企业注册商标拥有量	0.600 0	7	0.600 0	7
	知识产权运用	**0.605 8**	**6**	**0.563 7**	**5**
	数量	**0.682 3**	**4**	**0.593 8**	**7**
17	专利实施许可合同备案量	0.796 2	3	0.671 9	3
18	专利实施许可合同备案涉及专利量	0.744 7	3	0.610 1	4
19	知识产权质押项目数	0.750 4	5	0.666 4	4
20	知识产权技术合同成交数量	0.353 6	11	0.374 4	12
	效果	**0.478 4**	**7**	**0.513 7**	**7**
21	知识产权技术合同成交金额	0.091 1	12	0.137 9	13
22	专利质押融资金额	0.616 2	5	0.650 9	5
23	商标质押融资金额	0.632 5	5	0.647 9	6
	知识产权保护	**0.706 7**	**2**	**0.486 7**	**10**
	行政执法	**0.626 7**	**6**	**0.513 5**	**10**
24	专利侵权纠纷立案量	0.563 0	8	0.600 7	6
25	专利假冒案件立案量	0.400 0	8	0.596 8	8
26	"正版正货"承诺企业数量	1.000 0	1	0.294 3	12
	维权援助	**0.840 0**	**1**	**0.442 1**	**11**
27	维权援助中心及分支机构数量	0.733 3	3	0.150 0	13
28	维权援助中心举报投诉受理量	1.000 0	1	0.880 2	2
	知识产权环境	**0.488 4**	**10**	**0.554 4**	**8**
	管理	**0.464 8**	**9**	**0.533 5**	**10**
29	知识产权专项经费投入	0.600 0	7	0.600 0	7

序号	指标	2022 年		2021 年	
		指数	排名	指数	排名
30	知识产权管理机构人员数	0.692 3	5	0.692 3	5
31	省级知识产权示范园区数	0.700 0	4	0.709 1	5
32	知识产权贯标企业数量	0.321 9	11	0.415 4	10
33	知识产权战略推进计划项目数	0.307 7	10	0.430 0	10
	服务	**0.668 8**	**5**	**0.552 3**	**9**
34	专利申请代理率	0.713 3	4	0.693 4	3
35	商标申请代理率	0.653 3	5	0.495 5	11
36	知识产权服务机构数量	0.688 7	4	0.667 8	4
	人才	**0.327 7**	**10**	**0.614 7**	**5**
37	通过全国专利代理师资格考试人数	0.655 4	5	0.629 4	5
38	知识产权副高级以上职称人数	—	—	0.600 0	7

四、常州市知识产权实力分项指标分析

2022 年常州市知识产权实力指数为 0.662 4，位居全省第 4 位。如图 5-4 所示，常州市知识产权创造、知识产权运用、知识产权保护和知识产权环境 4 项一级指标发展不均衡，知识产权创造、知识产权保护和知识产权环境 3 项指标指数高于知识产权运用指标指数。

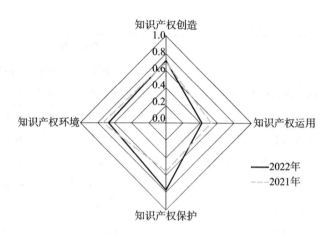

图 5-4　2021—2022 年常州市知识产权实力一级指标指数

　　2022 年，常州市知识产权创造指标指数为 0.720 8，位居全省第 3 位。知识产权创造 – 数量、知识产权创造 – 质量和知识产权创造 – 效率 3 项二级指标分别位居全省第 5 位、第 3 位和第 3 位，其中知识产权创造 – 质量指标排名较 2021 年上升 3 位。16 项三级指标中，发明专利授权率指标位居全省第 2 位，较 2021 年上升 7 位。截至 2022 年年底，常州市有效发明专利量 29 554 件，同比增长 24.86%。从技术领域小类来看，有效发明专利量前三位的技术领域分别是电机、电气装置、电能 3216 件，机器工具 2366 件，测量 2169 件，合计 7751 件，占常州市有效发明专利总量的 26.23%。从重点企业专利权人来看，有效发明专利量前三位的企业分别是诚瑞光学（常州）股份有限公司 375 件、溧阳常大技术转移中心有限公司 344 件、中车戚墅堰机车车辆工艺研究所股份有限公司 289 件。

　　从先进制造业集群发明专利授权量来看，2022 年常州市新能源汽车产业集群发明专利授权量 537 件，居全省第 2 位，其中，动力电池领域发明专利授权量达到 474 件，居全省第 1 位。从重点企业来看，蜂巢能源科技股份有限公司、国创移动能源创新中心（江苏）有限公司、江苏时代新能源科技有限公司 2022 年度新能源汽车产业发明专利授权量分别为 194 件、39 件、27 件。2022 年常州新能源汽车及汽车核心零部件产值增长达 68.1%。其中，新能源整车产销超 34 万辆，整车、动力电池产销量均占全省一半。溧阳市动力电池产业入选国家首批中小企业特色产业集群，成为引领全国汽车产业转型的重要力量、国内新能源汽车领域的创新高地。

2022 年，常州市知识产权运用指标指数为 0.433 9，位居全省第 9 位，较 2021 年下降 3 位。知识产权运用 – 数量和知识产权运用 – 效果 2 项二级指标分别位居全省第 9 位和第 10 位，2 项排名较 2021 年分别下降 3 位和 1 位。7 项三级指标中，商标质押融资金额指标位居全省第 1 位，较 2021 年上升 1 位；知识产权技术合同成交金额指标位居全省第 4 位，较 2021 年上升 1 位。

2022 年，常州市知识产权保护指标指数为 0.766 3，位居全省第 1 位，较 2021 年上升 5 位。知识产权保护 – 行政执法和知识产权保护 – 维权援助 2 项二级指标分别位居全省第 1 位和第 5 位，知识产权保护 – 行政执法排名较 2021 年上升 6 位。5 项三级指标中，"正版正货"承诺企业数量指标位居全省第 3 位，较 2021 年下降 1 位。

2022 年，常州市知识产权环境指标指数为 0.670 3，位居全省第 3 位，排名较 2021 上升 1 位。知识产权环境 – 管理、知识产权环境 – 服务和知识产权环境 – 人才 3 项二级指标分别位居全省第 4 位、第 6 位和第 3 位，其中，知识产权环境 – 服务指标排名较 2021 年下降 3 位。10 项三级指标中，知识产权战略推进计划项目数指标位居全省第 2 位，较 2021 年上升 1 位；商标申请代理率指标位居全省第 6 位，较 2021 年下降 2 位（表 5–4）。

表 5-4 常州市知识产权实力分项指标指数

序号	指标	2022 年		2021 年	
		指数	排名	指数	排名
	知识产权实力指数	0.662 4	4	0.654 2	5
	知识产权创造	0.720 8	3	0.711 0	3
	数量	0.630 0	5	0.630 4	5
1	专利授权量	0.681 4	4	0.667 9	4
2	发明专利授权量	0.655 0	4	0.642 3	5
3	PCT 国际专利申请量	0.659 2	4	0.632 6	4
4	商标注册量	0.633 0	6	0.614 6	6
5	地理标志商标数量	0.500 0	10	0.562 5	8
6	集成电路布图设计登记发证数量	0.615 0	5	0.629 7	5
	质量	0.672 3	3	0.620 4	6
7	发明专利授权量占比	0.603 3	6	0.605 4	6
8	发明专利授权率	0.895 7	2	0.588 1	9
9	高价值发明专利拥有量	0.697 4	4	0.637 7	5
10	专利获奖数量	0.645 9	6	0.660 4	3
	效率	0.770 8	3	0.778 6	3
11	每万人口发明专利拥有量	0.716 5	5	0.716 9	5
12	每百亿元 GDP 专利授权量	0.849 3	2	0.791 7	2
13	每十亿元 GDP 发明专利拥有量	0.608 8	5	0.618 7	5
14	每百亿元 GDP 高维持年限发明专利拥有量	0.748 2	5	0.774 4	5
15	万企有效注册商标企业数	0.961 5	2	1.000 0	1
16	每万户企业注册商标拥有量	0.728 0	3	0.780 6	3
	知识产权运用	0.433 9	9	0.534 5	6
	数量	0.429 9	9	0.601 9	6
17	专利实施许可合同备案量	0.418 9	9	0.600 0	7
18	专利实施许可合同备案涉及专利量	0.170 3	11	0.600 0	7
19	知识产权质押项目数	0.600 0	7	0.600 0	7

序号	指标	2022 年		2021 年	
		指数	排名	指数	排名
20	知识产权技术合同成交数量	0.604 6	5	0.609 5	6
	效果	0.440 6	10	0.422 2	9
21	知识产权技术合同成交金额	0.622 0	4	0.640 3	5
22	专利质押融资金额	0.235 6	12	0.230 8	12
23	商标质押融资金额	1.000 0	1	0.846 9	2
	知识产权保护	0.766 3	1	0.582 0	6
	行政执法	0.866 1	1	0.558 6	7
24	专利侵权纠纷立案量	0.711 1	3	0.309 0	11
25	专利假冒案件立案量	1.000 0	1	0.600 0	7
26	"正版正货"承诺企业数量	0.893 3	3	0.826 3	2
	维权援助	0.600 0	5	0.621 1	5
27	维权援助中心及分支机构数量	1.000 0	1	1.000 0	1
28	维权援助中心举报投诉受理量	—	—	0.052 7	13
	知识产权环境	0.670 3	3	0.732 5	4
	管理	0.685 5	4	0.711 8	4
29	知识产权专项经费投入	0.634 7	5	0.530 5	8
30	知识产权管理机构人员数	0.490 9	9	0.490 9	9
31	省级知识产权示范园区数	0.650 0	6	0.600 0	7
32	知识产权贯标企业数量	0.801 8	3	0.940 3	2
33	知识产权战略推进计划项目数	0.741 8	2	0.778 2	3
	服务	0.662 5	6	0.827 8	3
34	专利申请代理率	0.712 9	5	0.719 8	2
35	商标申请代理率	0.648 5	6	0.883 7	4
36	知识产权服务机构数量	0.659 5	5	0.652 3	5
	人才	0.637 9	3	0.670 4	3
37	通过全国专利代理师资格考试人数	0.675 9	4	0.678 5	3
38	知识产权副高级以上职称人数	0.600 0	4	0.662 3	3

五、苏州市知识产权实力分项指标分析

2022 年苏州市知识产权实力指数为 0.815 7，位居全省第 2 位。如图 5-5 所示，苏州市知识产权创造、知识产权运用、知识产权保护和知识产权环境 4 项一级指标发展较为均衡。

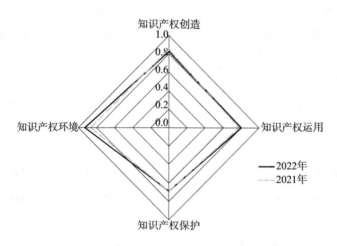

图 5-5　2021—2022 年苏州市知识产权实力一级指标指数

2022 年，苏州市知识产权创造指标指数为 0.831 4，位居全省第 2 位。知识产权创造 – 数量、知识产权创造 – 质量和知识产权创造 – 效率 3 项二级指标分别位居全省第 1 位、第 2 位和第 2 位，其中，知识产权创造 – 质量指标较 2021 年上升 1 位；知识产权创造 – 效率指标较 2021 年下降 1 位。16 项三级指标中，13 项指标位居全省前三位，6 项指标位居全省首位。截至 2022 年年底，苏州市有效发明专利量 104 495 件，同比增长 21.57%。从技术领域小类来看，有效发明专利量前三位的技术领域分别是电机、电气装置、电能 9075 件，机器工具 8835 件，计算机技术 7678 件，合计 25 588 件，占苏州市有效发明专利总量的 24.49%。从重点企业专利权人来看，有效发明专利量前

三位的企业分别是苏州浪潮智能科技有限公司 3818 件、昆山国显光电有限公司 1369 件、富士康（昆山）电脑接插件有限公司 956 件。

从先进制造业集群发明专利授权量来看，2022 年苏州市高端新材料产业集群发明专利授权量 3810 件，居全省第 2 位，其中，先进金属材料、化工新材料、纳米新材料领域发明专利授权量分别为 1205 件、634 件和 132 件，均居全省第 1 位。从重点企业来看，富士康（昆山）电脑接插件有限公司、江苏省沙钢钢铁研究院有限公司、苏州浪潮智能科技有限公司 2022 年度高端新材料产业发明专利授权量分别为 80 件、69 件、66 件。纳米新材料产业是苏州重点布局的先导产业之一，集聚纳米新材料产业核心企业 570 家，其中规模以上工业企业 116 家，2022 年规模以上工业产值达 822 亿元，纳米产业相关企业 1128 家，产值规模达 1460 亿元，并成功入选首批国家先进制造业集群。

2022 年，苏州市知识产权运用指标指数为 0.799 1，位居全省第 2 位。知识产权运用 – 数量和知识产权运用 – 效果 2 项二级指标分别位居全省第 3 位和第 1 位。7 项三级指标中，专利质押融资金额指标位居全省第 1 位；知识产权质押项目数指标位居全省第 2 位，较 2021 年上升 4 位；商标质押融资金额指标位居全省第 2 位，较 2021 年上升 1 位。

2022 年，苏州市知识产权保护指标指数为 0.688 3，位居全省第 5 位，较 2021 年下降 2 位。知识产权保护 – 行政执法和知识产权保护 – 维权援助 2 项二级指标分别位居全省第 2 位和第 11 位，其中，知识产权保护 – 维权援助指标较 2021 年下降 8 位。维权援助中心及分支机构数量和维权援助中心举报投诉受理量 2 项三级指标分别位列全省第 5 位和第 10 位，较 2021 年分别下降 2 位和 3 位。

2022 年，苏州市知识产权环境指标指数为 0.928 1，位居全省第 1 位，较 2021 年上升 1 位。知识产权环境 – 管理、知识产权环境 – 服务和知识产权环境－人才3项二级指标分别位居全省第1位、第3位和第1位，其中，知识产权环境－服务和知识产权环境－人才2项二级指标排名较2021年分别上升4位和1位。知识产权环境指标的10项三级指标中，7项指标位居全省首位（表5-5）。

表5-5　苏州市知识产权实力分项指标指数

序号	指标	2022 年		2021 年	
		指数	排名	指数	排名
	知识产权实力指数	0.815 7	2	0.803 2	2
	知识产权创造	0.831 4	2	0.845 9	2
	数量	0.895 5	1	0.890 8	1
1	专利授权量	1.000 0	1	1.000 0	1
2	发明专利授权量	0.876 4	2	0.853 1	2
3	PCT 国际专利申请量	1.000 0	1	1.000 0	1
4	商标注册量	1.000 0	1	1.000 0	1
5	地理标志商标数量	0.607 3	6	0.614 4	5
6	集成电路布图设计登记发证数量	0.899 1	2	0.896 3	2
	质量	0.706 6	2	0.714 1	3
7	发明专利授权量占比	0.600 0	7	0.563 7	8
8	发明专利授权率	0.588 5	8	0.508 3	11
9	高价值发明专利拥有量	0.829 6	2	0.909 5	2
10	专利获奖数量	0.908 2	2	1.000 0	1
	效率	0.873 9	2	0.897 3	1
11	每万人口发明专利拥有量	0.829 4	2	0.843 3	2
12	每百亿元 GDP 专利授权量	1.000 0	1	1.000 0	1
13	每十亿元 GDP 发明专利拥有量	0.745 2	2	0.770 7	2
14	每百亿元 GDP 高维持年限发明专利拥有量	1.000 0	1	1.000 0	1
15	万企有效注册商标企业数	0.813 8	3	0.890 0	2
16	每万户企业注册商标拥有量	1.000 0	1	1.000 0	1

续表

序号	指标	2022 年		2021 年	
		指数	排名	指数	排名
	知识产权运用	0.799 1	2	0.782 4	2
	数量	0.684 9	3	0.678 7	3
17	专利实施许可合同备案量	0.630 8	5	0.664 7	4
18	专利实施许可合同备案涉及专利量	0.649 5	6	0.710 7	3
19	知识产权质押项目数	0.834 3	2	0.630 4	6
20	知识产权技术合同成交数量	0.631 1	3	0.711 3	2
	效果	0.989 3	1	0.955 2	1
21	知识产权技术合同成交金额	0.981 5	2	1.000 0	1
22	专利质押融资金额	1.000 0	1	1.000 0	1
23	商标质押融资金额	0.956 5	2	0.663 9	3
	知识产权保护	0.688 3	5	0.684 7	3
	行政执法	0.827 3	2	0.704 7	2
24	专利侵权纠纷立案量	0.633 9	5	0.669 4	2
25	专利假冒案件立案量	0.948 6	2	0.880 8	3
26	"正版正货"承诺企业数量	0.920 0	2	0.523 6	8
	维权援助	0.456 6	11	0.651 4	3
27	维权援助中心及分支机构数量	0.644 4	5	0.685 7	3
28	维权援助中心举报投诉受理量	0.174 9	10	0.600 0	7
	知识产权环境	0.928 1	1	0.857 4	2
	管理	0.977 6	1	0.946 3	1
29	知识产权专项经费投入	1.000 0	1	1.000 0	1
30	知识产权管理机构人员数	0.876 9	2	0.907 7	2
31	省级知识产权示范园区数	1.000 0	1	1.000 0	1
32	知识产权贯标企业数量	1.000 0	1	0.797 2	3
33	知识产权战略推进计划项目数	1.000 0	1	1.000 0	1

续表

序号	指标	2022 年		2021 年	
		指数	排名	指数	排名
	服务	0.761 8	3	0.598 4	7
34	专利申请代理率	0.552 6	11	0.610 7	6
35	商标申请代理率	0.787 5	3	0.537 5	8
36	知识产权服务机构数量	1.000 0	1	1.000 0	1
	人才	1.000 0	1	0.936 8	2
37	通过全国专利代理师资格考试人数	1.000 0	1	0.975 5	2
38	知识产权副高级以上职称人数	1.000 0	1	0.898 1	2

六、南通市知识产权实力分项指标分析

2022 年南通市知识产权实力指数为 0.669 7，位居全省第 3 位。如图 5-6 所示，南通市知识产权创造、知识产权运用、知识产权保护和知识产权环境 4 项一级指标发展不均衡，知识产权环境指标指数低于知识产权创造、知识产权运用和知识产权保护指标指数。

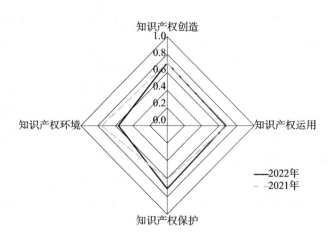

图 5-6 2021—2022 年南通市知识产权实力一级指标指数

2022 年，南通市知识产权创造指标指数为 0.709 7，位居全省第 4 位。知识产权创造 – 数量、知识产权创造 – 质量和知识产权创造 – 效率 3 项二级指标分别位居全省第 4 位、第 5 位和第 4 位，其中，知识产权创造 – 效率指标排名较 2021 年上升 1 位。16 项三级指标中，专利授权量、每百亿元 GDP 专利授权量、万企有效注册商标企业数、每万户企业注册商标拥有量 4 项指标分别位居全省第 5 位、第 7 位、第 1 位和第 4 位，较 2021 年分别上升 1 位、4 位、2 位和 1 位。截至 2022 年年底，南通市有效发明专利量 37 963 件，同比增长 17.19%。从技术领域小类来看，有效发明专利量前三位的技术领域分别是机器工具 3629 件，电机、电气装置、电能 2941 件，装卸 2279 件，合计 8849 件，占南通市有效发明专利总量的 23.31%。从重点企业专利权人来看，有效发明专利量前三位的企业分别是海门黄海创业园服务有限公司 304 件、通富微电子股份有限公司 266 件、南通东湖国际旅行社有限公司 238 件。

从先进制造业集群发明专利授权量来看，2022 年南通市高端纺织产业集群发明专利授权量 297 件，居全省第 2 位，其中，品牌服装、化学纤维领域发明专利授权量分别为 222 件、235 件，分别居全省第 3 位和第 2 位。从重点企业来看，江苏金太阳纺织科技股份有限公司、东丽纤维研究所（中国）有限公司、罗莱生活科技股份有限公司 2022 年度高端纺织产业发明专利授权量分别为 11 件、9 件、7 件。2022 年南通纺织产业累计实现产值 1708 亿元，同比增长 10.5%，由南通市参与建设的"高端纺织集群"被确定为国家级先进制造业集群。目前，南通市已聚集了罗莱生活科技股份有限公司、紫罗兰家纺、江苏金太阳纺织科技股份有限公司等多家知名家纺企业。

2022 年，南通市知识产权运用指标指数为 0.671 5，位居全省第 4 位。知识产权运用 – 数量和知识产权运用 – 效果 2 项二级指标分别位居全省第 6 位和第 3 位，其中，知识产权运用 – 效果指标排名较 2021 年上升 1 位。7 项三级指标中，专利实施许可合同备案量、专利实施许可合同备案涉及专利量 2 项指标分别位居全省第 8 位和第 9 位，较 2021 年均下降 3 位；专利质押融资金额、商标质押融资金额 2 项指标分别位居全省第 3 位和第 4 位，指标排名较 2021 年均上升 1 位；知识产权技术合同成交金额指标位居全省第 5 位，较 2021 年下降 1 位。

2022 年，南通市知识产权保护指标指数为 0.703 9，位居全省第 3 位，较 2021 年上升 1 位。知识产权保护 – 行政执法和知识产权保护 – 维权援助 2 项二级指标分别位居全省第 3 位和第 4 位，较 2021 年分别上升 2 位和 4 位。5 项三级指标中，维权援助中心举报投诉受理量指标位居全省第 3 位，较 2021 年上升 7 位；"正版正货"承诺企业数量、维权援助中心及分支机构数量 2 项指标均位居全省第 7 位，较 2021 年均下降 3 位。

2022 年，南通市知识产权环境指标指数为 0.553 6，位居全省第 8 位，较 2021 年下降 5 位。知识产权环境 – 管理、知识产权环境 – 服务和知识产权环境 – 人才 3 项二级指标分别位居全省第 5 位、第 10 位和第 11 位，较 2021 年分别下降 2 位、9 位和 5 位。知识产权环境指标的 10 项三级指标中，知识产权专项经费投入指标位居全省第 3 位，较 2021 年上升 1 位（表 5-6）。

表 5-6　南通市知识产权实力分项指标指数

序号	指标	2022 年		2021 年	
		指数	排名	指数	排名
	知识产权实力指数	0.669 7	3	0.691 2	3
	知识产权创造	0.709 7	4	0.706 0	4
	数量	0.640 3	4	0.646 7	4
1	专利授权量	0.639 6	5	0.630 5	6
2	发明专利授权量	0.646 9	5	0.678 8	3
3	PCT 国际专利申请量	0.604 7	6	0.615 0	6

续表

序号	指标	2022 年		2021 年	
		指数	排名	指数	排名
4	商标注册量	0.695 0	5	0.659 6	5
5	地理标志商标数量	0.650 9	4	0.654 1	4
6	集成电路布图设计登记发证数量	0.629 0	4	0.640 4	4
	质量	**0.653 4**	**5**	**0.722 0**	**2**
7	发明专利授权量占比	0.672 9	4	0.799 3	2
8	发明专利授权率	0.552 1	10	0.691 6	5
9	高价值发明专利拥有量	0.659 9	6	0.655 2	4
10	专利获奖数量	0.672 1	4	0.635 2	4
	效率	**0.757 3**	**4**	**0.715 3**	**5**
11	每万人口发明专利拥有量	0.689 9	6	0.700 6	6
12	每百亿元 GDP 专利授权量	0.600 0	7	0.484 2	11
13	每十亿元 GDP 发明专利拥有量	0.634 8	4	0.653 4	4
14	每百亿元 GDP 高维持年限发明专利拥有量	0.871 6	3	0.856 7	3
15	万企有效注册商标企业数	1.000 0	1	0.866 4	3
16	每万户企业注册商标拥有量	0.647 3	4	0.630 1	5
	知识产权运用	**0.671 5**	**4**	**0.685 6**	**4**
	数量	**0.631 2**	**6**	**0.658 5**	**5**
17	专利实施许可合同备案量	0.594 3	8	0.639 5	5
18	专利实施许可合同备案涉及专利量	0.507 0	9	0.603 9	6
19	知识产权质押项目数	0.821 2	3	0.714 5	3
20	知识产权技术合同成交数量	0.628 5	4	0.694 4	3
	效果	**0.738 7**	**3**	**0.730 8**	**4**
21	知识产权技术合同成交金额	0.619 4	5	0.698 0	4
22	专利质押融资金额	0.808 4	3	0.763 3	4
23	商标质押融资金额	0.663 5	4	0.649 8	5

序号	指标	2022 年		2021 年	
		指数	排名	指数	排名
	知识产权保护	0.703 9	3	0.606 0	4
	行政执法	0.747 4	3	0.663 5	5
24	专利侵权纠纷立案量	1.000 0	1	0.274 7	12
25	专利假冒案件立案量	0.609 3	5	1.000 0	1
26	"正版正货"承诺企业数量	0.600 0	7	0.730 7	4
	维权援助	0.631 4	4	0.510 1	8
27	维权援助中心及分支机构数量	0.600 0	7	0.628 6	4
28	维权援助中心举报投诉受理量	0.678 4	3	0.332 4	10
	知识产权环境	0.553 6	8	0.752 5	3
	管理	0.630 3	5	0.747 8	3
29	知识产权专项经费投入	0.692 1	3	0.676 3	4
30	知识产权管理机构人员数	0.436 4	11	0.436 4	11
31	省级知识产权示范园区数	0.700 0	4	0.854 5	2
32	知识产权贯标企业数量	0.647 7	5	1.000 0	1
33	知识产权战略推进计划项目数	0.670 9	4	0.734 7	4
	服务	0.583 0	10	0.873 7	1
34	专利申请代理率	0.517 7	13	0.553 6	10
35	商标申请代理率	0.594 1	9	1.000 0	1
36	知识产权服务机构数量	0.635 5	6	0.630 2	6
	人才	0.306 2	11	0.614 0	6
37	通过全国专利代理师资格考试人数	0.612 3	6	0.614 7	6
38	知识产权副高级以上职称人数	—	—	0.613 2	6

七、连云港市知识产权实力分项指标分析

2022 年连云港市知识产权实力指数为 0.425 6，位居全省第 11 位，较 2021 年上升 1 位。如图 5-7 所示，连云港市知识产权创造、知识产权运用、知识产权保护和知识产权环境 4 项一级指标发展不均衡，知识产权创造、知识产权保护和知识产权环境 3 项指标指数高于知识产权运用指标指数。

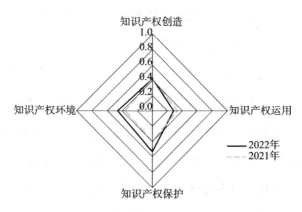

图 5-7　2021—2022 年连云港市知识产权实力一级指标指数

2022 年，连云港市知识产权创造指标指数为 0.427 1，位居全省第 11 位。知识产权创造 - 数量、知识产权创造 - 质量和知识产权创造 - 效率 3 项二级指标分别位居全省第 12 位、第 8 位和第 11 位，其中，知识产权创造 - 数量指标排名较 2021 年下降 1 位。知识产权创造指标的 16 项三级指标中，发明专利授权量、地理标志商标数量、万企有效注册商标企业数 3 项指标分别位居全省第 11 位、第 12 位、第 6 位，指标排名较 2021 年均上升 1 位；PCT 国际专利申请量、商标注册量、集成电路布图设计登记发证数量、发明专利授权率 4 项指标分别位居全省第 8 位、第 12 位、第 8 位、第 5 位，指标排名较 2021 年分别下降 1 位、4 位、2 位和 2 位。截至 2022 年年底，连云港市有效发

明专利量 5815 件，同比增长 21.55%。从技术领域小类来看，有效发明专利量前三位的技术领域分别是有机精细化学 1122 件，药品 610 件，其他特殊机械 384 件，合计 2116 件，占连云港市有效发明专利总量的 36.39%。从重点企业专利权人来看，有效发明专利量前三位的企业分别是江苏康缘药业股份有限公司 446 件、江苏恒瑞医药股份有限公司 408 件、正大天晴药业集团股份有限公司 317 件。

从先进制造业集群发明专利授权量来看，2022 年连云港市生物医药产业集群发明专利授权量 289 件，位居全省第 4 位，其中，化学药、中药领域发明专利授权量分别为 166 件、14 件，分别居全省第 3 位和第 6 位。从重点企业来看，江苏恒瑞医药股份有限公司、正大天晴药业集团股份有限公司、江苏豪森药业集团有限公司 2022 年度生物医药产业发明专利授权量分别为 113件、46 件、37 件。连云港成功培育了江苏恒瑞医药股份有限公司、江苏豪森药业集团有限公司、江苏康缘药业股份有限公司、正大天晴药业集团股份有限公司等一批行业龙头企业，形成了抗肿瘤、精神类、抗生素、心脑血管、糖尿病等众多明星产业板块。"中华药港"一期已投入使用，放大集聚效应，做强化学药、做优中成药、做精原料药、发展生物药，推进重点药企创新药项目投入达效，医药产值突破 700 亿元，连云港生物医药产业入选国家先进制造业集群。

2022 年，连云港市知识产权运用指标指数为 0.284 4，位居全省第 12 位。知识产权运用 – 数量和知识产权运用 – 效果 2 项二级指标分别位居全省第 13位和第 6 位，其中，知识产权运用 – 效果指标较 2021 年下降 1 位。知识产权运用指标的 7 项三级指标中，知识产权技术合同成交数量、专利质押融资金额、商标质押融资金额 3 项指标排名较 2021 年均上升 1 位，专利实施许可合同备案量、知识产权技术合同成交金额 2 项指标排名较 2021 年分别下降 1

位和 2 位。

2022 年，连云港市知识产权保护指标指数为 0.530 9，位居全省第 7 位，较 2021 年上升 6 位。知识产权保护 – 行政执法和知识产权保护 – 维权援助 2 项二级指标分别位居全省第 7 位和第 10 位，较 2021 年分别上升 6 位和下降 1 位。5 项三级指标中，"正版正货"承诺企业数量、维权援助中心举报投诉受理量 2 项指标分别位居全省第 8 位和第 6 位，指标较 2021 年均上升 2 位；维权援助中心及分支机构数量指标位居全省第 12 位，较 2021 年下降 4 位。

2022 年，连云港市知识产权环境指标指数为 0.458 5，位居全省第 11 位，较 2021 年上升 1 位。知识产权环境 – 管理、知识产权环境 – 服务和知识产权环境 – 人才 3 项二级指标指数分别位居全省第 11 位、第 7 位和第 7 位，较 2021 分别上升 2 位、5 位和 4 位。10 项三级指标中，省级知识产权示范园区数、专利申请代理率、通过全国专利代理师资格考试人数、知识产权副高级以上职称人数 4 项指标分别位居全省第 7 位、第 1 位、第 10 位和第 4 位，较 2021 年分别上升 6 位、4 位、3 位和 4 位（表 5–7）。

表 5–7　连云港市知识产权实力分项指标指数

序号	指标	2022 年		2021 年	
		指数	排名	指数	排名
	知识产权实力指数	0.425 6	11	0.390 8	12
	知识产权创造	0.427 1	11	0.429 5	11
	数量	0.341 1	12	0.385 6	11
1	专利授权量	0.202 0	13	0.199 2	13
2	发明专利授权量	0.206 4	11	0.192 5	12
3	PCT 国际专利申请量	0.497 2	8	0.600 0	7
4	商标注册量	0.388 2	12	0.594 1	8
5	地理标志商标数量	0.433 3	12	0.412 5	13

续表

序号	指标	2022 年		2021 年	
		指数	排名	指数	排名
6	集成电路布图设计登记发证数量	0.480 0	8	0.609 5	6
	质量	0.522 7	8	0.506 9	8
7	发明专利授权量占比	0.622 4	5	0.625 1	5
8	发明专利授权率	0.633 6	5	0.826 1	3
9	高价值发明专利拥有量	0.374 7	11	0.273 4	11
10	专利获奖数量	0.375 0	8	0.264 0	8
	效率	0.405 2	11	0.404 4	11
11	每万人口发明专利拥有量	0.267 8	11	0.260 7	11
12	每百亿元 GDP 专利授权量	0.366 9	13	0.336 7	13
13	每十亿元 GDP 发明专利拥有量	0.289 2	11	0.301 7	11
14	每百亿元 GDP 高维持年限发明专利拥有量	0.461 7	8	0.485 3	8
15	万企有效注册商标企业数	0.609 0	6	0.600 0	7
16	每万户企业注册商标拥有量	0.605 1	6	0.617 4	6
	知识产权运用	0.284 4	12	0.319 2	12
	数量	0.143 5	13	0.173 7	13
17	专利实施许可合同备案量	0.045 3	13	0.214 3	12
18	专利实施许可合同备案涉及专利量	0.015 7	13	0.065 5	13
19	知识产权质押项目数	0.404 0	11	0.262 0	11
20	知识产权技术合同成交数量	0.147 4	12	0.162 2	13
	效果	0.519 2	6	0.561 7	5
21	知识产权技术合同成交金额	0.238 7	10	0.472 6	8
22	专利质押融资金额	0.600 0	7	0.580 6	8
23	商标质押融资金额	0.716 8	3	0.654 8	4
	知识产权保护	0.530 9	7	0.406 4	13
	行政执法	0.545 6	7	0.351 1	13

续表

序号	指标	2022 年		2021 年	
		指数	排名	指数	排名
24	专利侵权纠纷立案量	0.322 6	12	0.320 4	10
25	专利假冒案件立案量	0.764 2	3	0.295 1	13
26	"正版正货"承诺企业数量	0.551 4	8	0.462 4	10
	维权援助	0.506 5	10	0.498 6	9
27	维权援助中心及分支机构数量	0.436 4	12	0.550 0	8
28	维权援助中心举报投诉受理量	0.611 6	6	0.421 6	8
	知识产权环境	0.458 5	11	0.369 3	12
	管理	0.368 1	11	0.337 0	13
29	知识产权专项经费投入	0.146 7	12	0.144 6	13
30	知识产权管理机构人员数	0.600 0	6	0.600 0	6
31	省级知识产权示范园区数	0.600 0	7	0.300 0	13
32	知识产权贯标企业数量	0.234 3	13	0.174 7	13
33	知识产权战略推进计划项目数	0.246 2	12	0.330 0	12
	服务	0.652 2	7	0.459 3	12
34	专利申请代理率	1.000 0	1	0.614 3	5
35	商标申请代理率	0.586 4	12	0.420 5	12
36	知识产权服务机构数量	0.417 1	11	0.420 6	12
	人才	0.465 0	7	0.346 0	11
37	通过全国专利代理师资格考试人数	0.330 0	10	0.150 0	13
38	知识产权副高级以上职称人数	0.600 0	4	0.541 9	8

八、淮安市知识产权实力分项指标分析

2022 年淮安市知识产权实力指数为 0.401 7,位居全省第 12 位,较 2021 年下降 1 位。如图 5-8 所示,淮安市知识产权创造、知识产权运用、知识产

权保护和知识产权环境 4 项一级指标发展不均衡，知识产权创造、知识产权保护和知识产权环境 3 个指标指数低于知识产权运用指标指数。

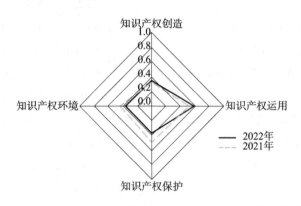

图 5-8　2021—2022 年淮安市知识产权实力一级指标指数

2022 年，淮安市知识产权创造指标指数为 0.334 5，位居全省第 12 位。知识产权创造 - 数量、知识产权创造 - 质量和知识产权创造 - 效率 3 项二级指标分别位居全省第 11 位、第 12 位和第 12 位，其中，知识产权创造 - 数量和知识产权创造 - 效率指标排名较 2021 年均上升 1 位。知识产权创造指标的 16 项三级指标中，商标注册量、集成电路布图设计登记发证数量、专利获奖数量 3 项指标分别位居全省第 11 位、第 10 位和第 11 位，较 2021 年均上升 1 位；发明专利授权量指标位居全省第 12 位，较 2021 年下降 1 位。截至 2022 年年底，淮安市有效发明专利量 5427 件，同比增长 24.07%。从技术领域小类来看，有效发明专利量前三位的技术领域分别是有机精细化学 355 件，电机、电气装置、电能 343 件，化学工程 339 件，合计 1037 件，占淮安市有效发明专利总量的 19.11%。从重点企业专利权人来看，有效发明专利量前三位的企业分别是德淮半导体有限公司 89 件、淮安西德工业设计有限公司 68 件、江苏天士力帝益药业有限公司 51 件。

从先进制造业集群发明专利授权量来看，2022年淮安市新型食品产业集群发明专利授权量9件，居全省第7位，其中，酿造和功能性食品领域发明专利授权量分别达到2件和6件，分别居全省第5位和第6位。从重点企业来看，江苏天宇伟业智能装备股份有限公司、淮安市厚沐医疗技术咨询中心、淮安市聚丰园食品有限公司2022年度新型食品产业发明专利授权量均为1件。淮安市在发展绿色食品产业方面具有得天独厚的原料优势，涟水县的酿酒、清江浦区的红椒、洪泽区大闸蟹、盱眙县的小龙虾和稻虾米及多品种食用菌都名扬天下。2022年淮安市规模以上食品工业企业共218家，开票销售超537.2亿元，户均规模2.91亿元，高于全市73.21%，食品产业营业收入约占全省食品产业的10%。

2022年，淮安市知识产权运用指标指数为0.590 8，位居全省第7位。知识产权运用－数量和知识产权运用－效果2项二级指标分别位居全省第5位和第9位，较2021年分别下降3位和上升3位。知识产权运用指标的7项三级指标中，专利质押融资金额指标位居全省第10位，较2021年上升1位；知识产权技术合同成交数量指标位居全省第9位，较2021年下降1位。

2022年，淮安市知识产权保护指标为0.374 4，位居全省第13位，较2021年下降4位。知识产权保护－行政执法和知识产权保护－维权援助2项二级指标分别位居全省第10位和第12位，较2021年分别上升1位和下降2位。5项三级指标中，"正版正货"承诺企业数量、维权援助中心及分支机构数量2项指标分别位居全省第11位和12位，较2021年分别下降2位和4位。

2022年，淮安市知识产权环境指标指数为0.374 4，位居全省第13位，较2021年下降2位。知识产权环境－管理、知识产权环境－服务和知识产权环境－人才3项二级指标分别位居全省第13位、第4位和第13位，其中，知识产权环境－服务指标排名较2021年上升1位，知识产权环境－管理指标排名较 2021 年下降 2 位。知识产权环境指标的 10 项三级指标中，省级知识产权示范园区数指标位居全省第 7 位，较 2021 年上升 3 位；专利申请代理率、商标申请代理率、通过全国专利代理师资格考试人数 3 项指标较 2021 年均下降 1 位（表 5-8）。

表 5-8　淮安市知识产权实力分项指标指数

序号	指标	2022 年		2021 年	
		指数	排名	指数	排名
	知识产权实力指数	0.401 7	12	0.423 6	11
	知识产权创造	0.334 5	12	0.333 6	12
	数量	0.342 7	11	0.365 5	12
1	专利授权量	0.283 4	12	0.307 5	12
2	发明专利授权量	0.200 7	12	0.208 1	11
3	PCT 国际专利申请量	0.152 5	12	0.170 4	12
4	商标注册量	0.458 0	11	0.369 9	12
5	地理标志商标数量	1.000 0	1	1.000 0	1
6	集成电路布图设计登记发证数量	0.120 0	10	0.247 1	11
	质量	0.351 7	12	0.352 0	12
7	发明专利授权量占比	0.453 6	12	0.467 0	11
8	发明专利授权率	0.567 1	9	0.676 7	6
9	高价值发明专利拥有量	0.239 9	12	0.189 7	12
10	专利获奖数量	0.075 0	11	0.024 0	12
	效率	0.323 7	12	0.315 4	13
11	每万人口发明专利拥有量	0.252 1	12	0.240 4	12
12	每百亿元 GDP 专利授权量	0.434 6	12	0.425 9	12
13	每十亿元 GDP 发明专利拥有量	0.227 9	12	0.226 0	12
14	每百亿元 GDP 高维持年限发明专利拥有量	0.208 2	12	0.213 4	12
15	万企有效注册商标企业数	0.466 3	12	0.434 4	12
16	每万户企业注册商标拥有量	0.544 1	9	0.578 2	9
	知识产权运用	0.590 8	7	0.519 6	7

序号	指标	2022 年		2021 年	
		指数	排名	指数	排名
	数量	0.665 1	5	0.691 1	2
17	专利实施许可合同备案量	0.812 3	2	0.988 0	2
18	专利实施许可合同备案涉及专利量	0.774 0	2	0.801 7	2
19	知识产权质押项目数	0.561 4	8	0.345 6	8
20	知识产权技术合同成交数量	0.431 2	9	0.535 4	8
	效果	0.466 8	9	0.233 7	12
21	知识产权技术合同成交金额	0.456 9	8	0.168 9	11
22	专利质押融资金额	0.488 6	10	0.242 0	11
23	商标质押融资金额	0.388 7	8	0.325 9	8
	知识产权保护	0.374 4	13	0.487 8	9
	行政执法	0.394 2	10	0.483 2	11
24	专利侵权纠纷立案量	0.297 9	13	0.593 5	8
25	专利假冒案件立案量	0.607 8	6	0.353 5	11
26	"正版正货"承诺企业数量	0.243 2	11	0.508 3	9
	维权援助	0.341 4	12	0.495 4	10
27	维权援助中心及分支机构数量	0.436 4	12	0.550 0	8
28	维权援助中心举报投诉受理量	0.198 9	9	0.413 5	9
	知识产权环境	0.374 4	13	0.443 3	11
	管理	0.359 1	13	0.372 9	11
29	知识产权专项经费投入	0.133 0	13	0.323 8	10
30	知识产权管理机构人员数	0.436 4	11	0.436 4	11
31	省级知识产权示范园区数	0.600 0	7	0.450 0	10
32	知识产权贯标企业数量	0.282 5	12	0.273 6	12
33	知识产权战略推进计划项目数	0.276 9	11	0.360 0	11
	服务	0.683 4	4	0.769 5	5
34	专利申请代理率	0.570 1	10	0.576 2	9

续表

序号	指标	2022 年		2021 年	
		指数	排名	指数	排名
35	商标申请代理率	0.770 9	4	0.892 2	3
36	知识产权服务机构数量	0.297 1	13	0.297 2	13
	人才	**0.030 0**	**13**	**0.229 2**	**13**
37	通过全国专利代理师资格考试人数	0.060 0	13	0.187 5	12
38	知识产权副高级以上职称人数	—	—	0.271 0	11

九、盐城市知识产权实力分项指标分析

2022 年盐城市知识产权实力指数为 0.495 9，位居全省第 9 位，较 2021 年下降 1 位。如图 5-9 所示，盐城市知识产权创造、知识产权运用、知识产权保护和知识产权环境 4 项一级指标发展不均衡，知识产权保护指标指数高于知识产权创造、知识产权运用和知识产权环境指标指数。

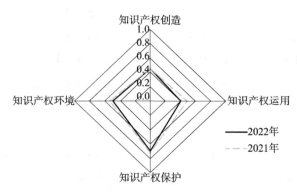

图 5-9　2021—2022 年盐城市知识产权实力一级指标指数

2022 年，盐城市知识产权创造指标指数为 0.445 7，位居全省第 10 位。知识产权创造－数量、知识产权创造－质量和知识产权创造－效率 3 项二级

指标分别位居全省第 9 位、第 11 位和第 10 位，其中知识产权创造 – 数量和质量排名较 2021 年均下降 2 位。知识产权创造指标的 16 项三级指标中，专利授权量、商标注册量、专利获奖数量、每百亿元 GDP 专利授权量 4 项指标分别位居全省第 7 位、第 8 位、第 9 位和第 6 位，较 2021 年分别上升 1 位、1 位、1 位和 4 位；发明专利授权量占比、发明专利授权率、高价值发明专利拥有量 3 项指标分别位居全省第 10 位、第 12 位和第 10 位，较 2021 年分别下降 3 位、4 位和 2 位。截至 2022 年年底，盐城市有效发明专利量 14 222 件，同比增长 18.59%。从技术领域小类来看，有效发明专利量前三位的技术领域分别是机器工具 1401 件，化学工程 1084 件，电机、电气装置、电能 922 件，合计 3407 件，占盐城市有效发明专利总量的 23.96%。从重点企业专利权人来看，有效发明专利量前三位的企业分别是江苏金风科技有限公司 176 件、东台城东科技创业园管理有限公司 101 件、华人运通（江苏）技术有限公司 73 件。

从先进制造业集群发明专利授权量来看，2022 年盐城市新能源汽车产业集群发明专利授权量 119 件，居全省第 8 位，其中，汽车零部件领域发明专利授权量达到 27 件，居全省第 7 位。从重点企业来看，华人运通（江苏）技术有限公司、摩登汽车（盐城）有限公司、江苏天一航空工业股份有限公司 2022 年度新能源汽车产业发明专利授权量分别为 20 件、11 件、8 件。2022 年盐城市四大主导产业实现规模以上工业产值 4037.5 亿元，同比增长 26.4%，其中，汽车产业产值为 625.7 亿元，同比增长 19.9%。全市共有汽车及零部件企业 502 家，其中规模以上企业 295 家。其中，拥有江苏悦达起亚汽车有限公司、中国第一汽车集团有限公司盐城分公司等整车生产企业 7 家，产品类别涵盖了乘用车、商用车和专用车等全系列产品。

2022 年，盐城市知识产权运用指标指数为 0.396 3，位居全省第 10 位，较 2021 年下降 2 位。知识产权运用 – 数量和知识产权运用 – 效果 2 项二级指标分别位居全省第 11 位和 8 位，知识产权运用 – 数量较 2021 年下降 3 位。7 项三级指标中，知识产权技术合同成交数量、商标质押融资金额 2 项指标分别位居全省第 8 位和第 10 位，较 2021 年分别上升 2 位和 1 位；专利实施许可合同备案量、专利实施许可合同备案涉及专利量、知识产权质押项目数、专利质押融资金额 4 项指标分别位居全省第 10 位、第 12 位、第 6 位和第 8 位，较 2021 年分别下降 1 位、3 位、1 位和 2 位。

2022 年，盐城市知识产权保护指标指数为 0.688 4，位居全省第 4 位，较 2021 年下降 2 位。知识产权保护 – 行政执法和知识产权保护 – 维权援助 2 项二级指标分别位居全省第 4 位和第 2 位。5 项三级指标中，"正版正货"承诺企业数量指标位居全省第 5 位，较 2021 年上升 6 位；维权援助中心举报投诉受理量指标位居全省第 2 位，较 2021 年下降 1 位。

2022 年，盐城市知识产权环境指标指数为 0.503 2，位居全省第 9 位，较 2021 年上升 1 位。知识产权环境 – 管理、知识产权环境 – 服务和知识产权环境 – 人才 3 项二级指标分别位居全省第 10 位、第 2 位和第 12 位，其中，知识产权环境 – 服务排名较 2021 年上升 8 位。知识产权环境指标的 10 项三级指标中，商标申请代理率指标位居全省第 1 位，较 2021 年上升 8 位；知识产权专项经费投入、省级知识产权示范园区数、专利申请代理率、通过全国专利代理师资格考试人数 4 项指标分别位居全省第 6 位、第 13 位、第 8 位和第 10 位，较 2021 年分别下降 1 位、9 位、1 位和 1 位（表 5–9）。

表 5–9　盐城市知识产权实力分项指标指数

序号	指标	2022 年		2021 年	
		指数	排名	指数	排名
	知识产权实力指数	0.495 9	9	0.529 7	8

续表

序号	指标	2022 年		2021 年	
		指数	排名	指数	排名
	知识产权创造	0.445 7	10	0.463 5	10
	数量	0.472 2	9	0.512 8	7
1	专利授权量	0.600 0	7	0.567 3	8
2	发明专利授权量	0.479 2	8	0.493 4	8
3	PCT 国际专利申请量	0.275 1	11	0.333 3	10
4	商标注册量	0.590 2	8	0.503 0	9
5	地理标志商标数量	0.760 0	2	0.751 4	2
6	集成电路布图设计登记发证数量	0.120 0	10	0.405 9	10
	质量	0.431 1	11	0.473 6	9
7	发明专利授权量占比	0.511 5	10	0.600 0	7
8	发明专利授权率	0.502 7	12	0.595 4	8
9	高价值发明专利拥有量	0.392 3	10	0.421 1	8
10	专利获奖数量	0.225 0	9	0.132 0	10
	效率	0.445 3	10	0.444 3	10
11	每万人口发明专利拥有量	0.449 0	10	0.448 0	10
12	每百亿元 GDP 专利授权量	0.610 5	6	0.540 3	10
13	每十亿元 GDP 发明专利拥有量	0.400 1	8	0.426 0	8
14	每百亿元 GDP 高维持年限发明专利拥有量	0.381 4	9	0.393 6	9
15	万企有效注册商标企业数	0.403 7	13	0.411 8	13
16	每万户企业注册商标拥有量	0.494 0	11	0.521 8	11
	知识产权运用	0.396 3	10	0.485 8	8
	数量	0.348 9	11	0.503 3	8
17	专利实施许可合同备案量	0.254 7	10	0.557 1	9
18	专利实施许可合同备案涉及专利量	0.086 5	12	0.387 3	9
19	知识产权质押项目数	0.681 8	6	0.637 7	5
20	知识产权技术合同成交数量	0.448 8	8	0.429 3	10

续表

序号	指标	2022 年		2021 年	
		指数	排名	指数	排名
	效果	0.475 3	8	0.456 5	8
21	知识产权技术合同成交金额	0.367 1	9	0.241 4	9
22	专利质押融资金额	0.582 7	8	0.646 6	6
23	商标质押融资金额	0.208 7	10	0.031 6	11
	知识产权保护	0.688 4	4	0.705 4	2
	行政执法	0.666 8	4	0.672 6	4
24	专利侵权纠纷立案量	0.454 1	9	0.600 0	7
25	专利假冒案件立案量	0.744 7	4	0.935 4	2
26	"正版正货"承诺企业数量	0.840 0	5	0.428 0	11
	维权援助	0.724 4	2	0.760 0	2
27	维权援助中心及分支机构数量	0.644 4	5	0.600 0	5
28	维权援助中心举报投诉受理量	0.844 4	2	1.000 0	1
	知识产权环境	0.503 2	9	0.530 4	10
	管理	0.461 7	10	0.591 3	7
29	知识产权专项经费投入	0.626 4	6	0.636 3	5
30	知识产权管理机构人员数	0.600 0	6	0.600 0	6
31	省级知识产权示范园区数	0.300 0	13	0.745 5	4
32	知识产权贯标企业数量	0.600 0	7	0.600 0	7
33	知识产权战略推进计划项目数	0.392 3	9	0.510 0	9
	服务	0.864 9	2	0.539 3	10
34	专利申请代理率	0.593 2	8	0.600 0	7
35	商标申请代理率	1.000 0	1	0.532 5	9
36	知识产权服务机构数量	0.462 9	9	0.465 4	9
	人才	0.165 0	12	0.352 0	10
37	通过全国专利代理师资格考试人数	0.330 0	10	0.375 0	9
38	知识产权副高级以上职称人数	—	—	0.329 0	10

十、扬州市知识产权实力分项指标分析

2022 年扬州市知识产权实力指数为 0.508 6，位居全省第 8 位，较 2021 年上升 1 位。如图 5-10 所示，扬州市知识产权创造、知识产权运用、知识产权保护和知识产权环境 4 项一级指标发展较为不均衡。知识产权运用和知识产权环境指标指数高于知识产权创造、知识产权保护指标指数。

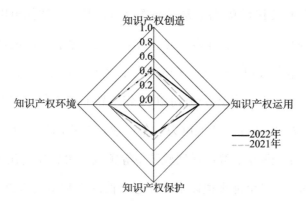

图 5-10　2021—2022 年扬州市知识产权实力一级指标指数

2022 年，扬州市知识产权创造指标指数为 0.469 7，位居全省第 9 位。知识产权创造 – 数量、知识产权创造 – 质量和知识产权创造 – 效率 3 项二级指标分别位居全省第 8 位、第 10 位和第 9 位，3 项指标均与 2021 年持平。16 项三级指标中，PCT 国际专利申请量、商标注册量、发明专利授权量占比、高价值发明专利拥有量 4 项指标分别位居全省第 10 位、第 7 位、第 9 位和第 8 位，较 2021 年分别上升 1 位、3 位、1 位和 2 位；专利授权量、集成电路布图设计登记发证数量、发明专利授权率、每百亿元 GDP 高维持年限发明专利拥有量、万企有效注册商标企业数 5 个指标指数较 2021 年均有下降。截至 2022 年年底，扬州市有效发明专利量 12 270 件，同比增长 22.30%。从

技术领域小类来看，有效发明专利量前三位的技术领域分别是电机、电气装置、电能 1456 件，机器工具 1057 件，土木工程 842 件，合计 3355 件，占扬州市有效发明专利总量的 27.34%。从重点企业专利权人来看，有效发明专利量前三位的企业分别是江苏扬农化工集团有限公司 138 件、扬州乾照光电有限公司 110 件、中国石化仪征化纤有限责任公司 94 件。

从先进制造业集群发明专利授权量来看，2022 年扬州市新型电力装备产业集群发明专利授权量 96 件，居全省第 8 位，其中，智能电网领域发明专利授权量达到 96 件，居全省第 8 位。从重点企业来看，国网江苏省电力有限公司扬州供电分公司、扬州德云电气设备集团有限公司、国网江苏省电力有限公司扬州市江都区供电分公司 2022 年度新型电力装备产业发明专利授权量为 8 件、7 件、4 件。新型电力装备产业是扬州的传统优势产业，涵盖电线电缆、智能变配电、高电压实验装备等领域。2022 年扬州市先进制造业产值增长 13.9%，对全部规模以上工业总产值的贡献率达 66.7%，其中新型电力装备产业增长 34.7%。

2022 年，扬州市知识产权运用指标指数为 0.606 0，位居全省第 5 位，较 2021 年上升 4 位。知识产权运用－数量和知识产权运用－效果 2 项二级指标分别位居全省第 7 位和第 5 位，较 2021 年分别上升 2 位和 1 位。知识产权运用指标的 7 项三级指标中，专利实施许可合同备案量、专利实施许可合同备案涉及专利量、专利质押融资金额 3 项指标分别位居全省第 4 位、第 7 位和第 6 位，较 2021 年分别上升 4 位、4 位和 1 位；知识产权质押项目数、知识产权技术合同成交数量 2 项指标分别位居全省第 10 位和第 6 位，较 2021 年均下降 1 位。

2022 年，扬州市知识产权保护指标为 0.395 4，位居全省第 10 位，较 2021 上升 1 位。知识产权保护－行政执法和知识产权保护－维权援助 2 项二级指标分别位居全省第 9 位和第 13 位，知识产权保护 – 维权援助指标排名较 2021 年下降 1 位。5 项三级指标中，维权援助中心及分支机构数量、维权援助中心举报投诉受理量 2 项指标分别位居全省第 9 位，较 2021 年下降 4 位。

2022 年，扬州市知识产权环境指标指数为 0.602 3，位居全省第 5 位，较 2021 年上升 1 位。知识产权环境 – 管理、知识产权环境 – 服务和知识产权环境 – 人才 3 项二级指标分别位居全省第 8 位、第 1 位和第 6 位，较 2021 年分别上升 1 位、3 位和 2 位。知识产权环境指标的 10 项三级指标中，知识产权专项经费投入、省级知识产权示范园区数、知识产权贯标企业数量、商标申请代理率 4 项指标分别位居全省第 10 位、第 7 位、第 6 位和第 2 位，较 2021 年分别上升 2 位、3 位、2 位和 3 位；专利申请代理率、通过全国专利代理师资格考试人数 2 项指标分别位居全省第 6 位和第 9 位，较 2021 年均下降 2 位（表 5–10）。

表 5–10　扬州市知识产权实力分项指标指数

序号	指标	2022 年		2021 年	
		指数	排名	指数	排名
	知识产权实力指数	0.508 6	8	0.488 1	9
	知识产权创造	0.469 7	9	0.463 7	9
	数量	0.477 4	8	0.498 6	8
1	专利授权量	0.566 2	8	0.600 0	7
2	发明专利授权量	0.466 2	9	0.416 2	9
3	PCT 国际专利申请量	0.334 8	10	0.292 6	11
4	商标注册量	0.600 0	7	0.439 0	10
5	地理标志商标数量	0.680 0	3	0.657 7	3
6	集成电路布图设计登记发证数量	0.240 0	9	0.547 1	8

续表

序号	指标	2022 年		2021 年	
		指数	排名	指数	排名
	质量	0.453 7	10	0.402 0	10
7	发明专利授权量占比	0.527 3	9	0.478 6	10
8	发明专利授权率	0.527 9	11	0.529 2	10
9	高价值发明专利拥有量	0.564 8	8	0.417 1	10
10	专利获奖数量	0.075 0	11	0.096 0	11
	效率	0.475 4	9	0.483 7	9
11	每万人口发明专利拥有量	0.568 1	9	0.551 5	9
12	每百亿元 GDP 专利授权量	0.579 5	8	0.564 7	8
13	每十亿元 GDP 发明专利拥有量	0.344 0	10	0.352 2	10
14	每百亿元 GDP 高维持年限发明专利拥有量	0.347 5	11	0.364 9	10
15	万企有效注册商标企业数	0.529 9	9	0.567 2	8
16	每万户企业注册商标拥有量	0.505 2	10	0.552 4	10
	知识产权运用	0.606 0	5	0.449 5	9
	数量	0.602 6	7	0.407 1	9
17	专利实施许可合同备案量	0.680 0	4	0.571 4	8
18	专利实施许可合同备案涉及专利量	0.600 0	7	0.147 3	11
19	知识产权质押项目数	0.513 9	10	0.334 2	9
20	知识产权技术合同成交数量	0.604 6	6	0.628 5	5
	效果	0.611 5	5	0.520 0	6
21	知识产权技术合同成交金额	0.600 0	7	0.600 0	7
22	专利质押融资金额	0.613 9	6	0.600 0	7
23	商标质押融资金额	0.623 7	6	—	—
	知识产权保护	0.395 4	10	0.481 6	11
	行政执法	0.436 3	9	0.523 4	9
24	专利侵权纠纷立案量	0.600 0	7	0.617 7	4
25	专利假冒案件立案量	—	—	0.321 1	12

续表

序号	指标	2022 年		2021 年	
		指数	排名	指数	排名
26	"正版正货"承诺企业数量	0.786 7	6	0.662 2	6
	维权援助	0.327 3	13	0.411 9	12
27	维权援助中心及分支机构数量	0.545 5	9	0.600 0	5
28	维权援助中心举报投诉受理量	—	—	0.129 7	11
	知识产权环境	0.602 3	5	0.582 1	6
	管理	0.521 5	8	0.541 1	9
29	知识产权专项经费投入	0.323 1	10	0.319 6	12
30	知识产权管理机构人员数	0.600 0	6	0.600 0	6
31	省级知识产权示范园区数	0.600 0	7	0.450 0	10
32	知识产权贯标企业数量	0.618 1	6	0.563 7	8
33	知识产权战略推进计划项目数	0.430 8	8	0.570 0	8
	服务	0.865 9	1	0.797 2	4
34	专利申请代理率	0.632 1	6	0.662 5	4
35	商标申请代理率	0.970 7	2	0.863 8	5
36	知识产权服务机构数量	0.600 0	7	0.600 0	7
	人才	0.495 0	6	0.425 8	8
37	通过全国专利代理师资格考试人数	0.390 0	9	0.600 0	7
38	知识产权副高级以上职称人数	0.600 0	4	0.251 6	12

十一、镇江市知识产权实力分项指标分析

2022 年镇江市知识产权实力指数为 0.560 1，位居全省第 7 位。如图 5-11 所示，镇江市知识产权创造、知识产权运用、知识产权保护和知识产权环境 4 项一级指标发展不均衡，知识产权创造、知识产权保护和知识产权环境指标指数高于知识产权运用指标指数。

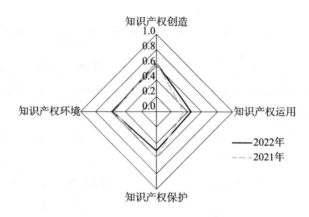

图 5-11   2021—2022 年镇江市知识产权实力一级指标指数

2022 年，镇江市知识产权创造指标指数为 0.633 0，位居全省第 6 位。知识产权创造 – 数量、知识产权创造 – 质量和知识产权创造 – 效率 3 项二级指标分别位居全省第 7 位、第 4 位和第 6 位，其中，知识产权创造 – 数量指标排名较 2021 年上升 2 位。16 项三级指标中，集成电路布图设计登记发证数量、高价值发明专利拥有量、每百亿元 GDP 专利授权量 3 项指标分别位居全省第 6 位、第 5 位和第 5 位，较 2021 年分别上升 5 位、1 位和 1 位；地理标志商标数量、每万户企业注册商标拥有量 2 项指标位居全省均第 13 位，较 2021 年均下降 1 位。截至 2022 年年底，镇江市有效发明专利量 18 735 件，同比增长 20.40%。从技术领域小类来看，有效发明专利量前三位的技术领域分别是电机、电气装置、电能 2198 件，机器工具 1434 件，其他特殊机械 1367 件，合计 4999 件，占镇江市有效发明专利总量的 26.68%。从重点企业专利权人来看，有效发明专利量前三位的企业分别是江苏和成显示科技有限公司 261 件、江阴智产汇知识产权运营有限公司 216 件、金东纸业（江苏）股份有限公司 195 件。

从先进制造业集群发明专利授权量来看，2022 年镇江市高技术船舶与海工装备产业集群发明专利授权量 107 件，居全省第 5 位，其中，高技术船舶、海洋工程装备领域发明专利授权量分别为 94 件、52 件，均居全省第 5 位。从重点企业来看，江苏华燕船舶装备有限公司、利康医药科技江苏有限公司 2022 年度高技术船舶与海工装备产业发明专利授权量分别为 3 件、2 件。镇江拥有较好的高技术船舶与海洋工程装备产业基础，拥有中船动力有限公司、镇江赛尔尼柯自动化股份有限公司、镇江康士伯船舶电气有限公司、镇江同舟螺旋桨有限公司等重点配套企业；船海科教资源全省领先，拥有江苏科技大学、海洋装备研究院等科研院所，拥有江苏省船舶设计研究所有限公司、江苏现代造船技术有限公司两家船舶设计甲级资质单位。

2022 年，镇江市知识产权运用指标指数为 0.460 1，位居全省第 8 位，较 2021 年上升 2 位。知识产权运用 – 数量和知识产权运用 – 效果 2 项二级指标分别位居全省第 8 位和第 11 位，其中，知识产权运用 – 数量指标排名较 2021 年上升 2 位。知识产权运用指标的 7 项三级指标中，专利实施许可合同备案量、专利实施许可合同备案涉及专利量、知识产权技术合同成交数量、知识产权技术合同成交金额 4 项指标排名较 2021 年分别上升 3 位、3 位、1 位和 1 位。

2022 年，镇江市知识产权保护指标指数为 0.502 0，位居全省第 8 位，较 2021 年下降 3 位。知识产权保护 – 行政执法和知识产权保护 – 维权援助 2 项二级指标分别位居全省第 8 位和第 7 位，其中，知识产权保护 – 维权援助指标排名较 2021 年下降 3 位。5 项三级指标中，"正版正货"承诺企业数量、维权援助中心及分支机构数量、维权援助中心举报投诉受理量 3 项指标分别位居全省第 10 位、第 9 位和第 4 位，较 2021 年分别下降 3 位、4 位和 1 位。

2022 年，镇江市知识产权环境指标指数为 0.572 6，位居全省第 7 位，较 2021 年上升 2 位。知识产权环境 – 管理、知识产权环境 – 服务和知识产权环境 – 人才 3 项二级指标分别位居全省第 7 位、第 11 位和第 5 位，其中，知

识产权环境 – 服务指标排名较 2021 年下降 3 位。知识产权环境指标的 10 项三级指标中，知识产权贯标企业数量、专利申请代理率、知识产权服务机构数量、通过全国专利代理师资格考试人数 4 项指标分别位居全省第 9 位、第 7 位、第 10 位和第 7 位，较 2021 年分别上升 2 位、6 位、1 位和 4 位；省级知识产权示范园区数、商标申请代理率 2 项指标分别位居全省第 7 位和第 8 位，较 2021 年分别下降 1 位和 2 位（表 5-11）。

表 5-11　镇江市知识产权实力分项指标指数

序号	指标	2022 年		2021 年	
		指数	排名	指数	排名
	知识产权实力指数	0.560 1	7	0.554 1	7
	知识产权创造	0.633 0	6	0.632 2	6
	数量	0.527 1	7	0.470 0	9
1	专利授权量	0.491 1	10	0.470 5	10
2	发明专利授权量	0.600 0	7	0.600 0	7
3	PCT 国际专利申请量	0.615 6	5	0.615 4	5
4	商标注册量	0.334 2	13	0.273 8	13
5	地理标志商标数量	0.400 0	13	0.450 0	12
6	集成电路布图设计登记发证数量	0.606 5	6	0.247 1	11
	质量	0.671 0	4	0.703 2	4
7	发明专利授权量占比	0.675 5	3	0.704 8	3
8	发明专利授权率	0.708 8	3	1.000 0	1
9	高价值发明专利拥有量	0.696 0	5	0.604 4	6
10	专利获奖数量	0.600 0	7	0.600 0	7
	效率	0.645 0	6	0.644 4	6
11	每万人口发明专利拥有量	0.729 5	4	0.737 2	4
12	每百亿元 GDP 专利授权量	0.672 0	5	0.619 4	6
13	每十亿元 GDP 发明专利拥有量	0.677 7	3	0.699 0	3

序号	指标	2022 年		2021 年	
		指数	排名	指数	排名
14	每百亿元 GDP 高维持年限发明专利拥有量	0.702 1	6	0.696 8	6
15	万企有效注册商标企业数	0.487 7	11	0.494 8	11
16	每万户企业注册商标拥有量	0.459 8	13	0.485 2	12
	知识产权运用	0.460 1	8	0.365 8	10
	数量	0.506 2	8	0.396 4	10
17	专利实施许可合同备案量	0.600 0	7	0.357 1	10
18	专利实施许可合同备案涉及专利量	0.656 7	5	0.559 1	8
19	知识产权质押项目数	0.338 6	12	0.239 2	12
20	知识产权技术合同成交数量	0.365 2	10	0.412 2	11
	效果	0.383 2	11	0.314 9	11
21	知识产权技术合同成交金额	0.198 2	11	0.149 5	12
22	专利质押融资金额	0.525 7	9	0.458 3	9
23	商标质押融资金额	0.111 5	12	—	—
	知识产权保护	0.502 0	8	0.588 1	5
	行政执法	0.453 4	8	0.558 3	8
24	专利侵权纠纷立案量	0.793 7	2	0.465 9	9
25	专利假冒案件立案量	0.100 0	10	0.618 2	6
26	"正版正货"承诺企业数量	0.470 3	10	0.600 0	7
	维权援助	0.583 1	7	0.637 8	4
27	维权援助中心及分支机构数量	0.545 5	9	0.600 0	5
28	维权援助中心举报投诉受理量	0.639 7	4	0.694 4	3
	知识产权环境	0.572 6	7	0.552 3	9
	管理	0.558 9	7	0.577 9	8
29	知识产权专项经费投入	0.320 2	11	0.322 9	11
30	知识产权管理机构人员数	0.490 9	9	0.490 9	9
31	省级知识产权示范园区数	0.600 0	7	0.636 4	6
32	知识产权贯标企业数量	0.462 0	9	0.370 9	11

续表

序号	指标	2022 年		2021 年	
		指数	排名	指数	排名
33	知识产权战略推进计划项目数	0.640 5	5	0.710 9	5
	服务	**0.580 8**	**11**	**0.593 4**	**8**
34	专利申请代理率	0.600 0	7	0.486 7	13
35	商标申请代理率	0.597 9	8	0.647 0	6
36	知识产权服务机构数量	0.422 9	10	0.431 8	11
	人才	**0.600 0**	**5**	**0.430 4**	**7**
37	通过全国专利代理师资格考试人数	0.600 0	7	0.225 0	11
38	知识产权副高级以上职称人数	0.600 0	4	0.635 8	4

十二、泰州市知识产权实力分项指标分析

2022 年泰州市知识产权实力指数为 0.468 0，位居全省第 10 位。如图 5-12 所示，泰州市知识产权创造、知识产权运用、知识产权保护和知识产权环境 4 项一级指标发展不均衡，知识产权创造和知识产权环境指标指数要高于知识产权运用和知识产权保护指标指数。

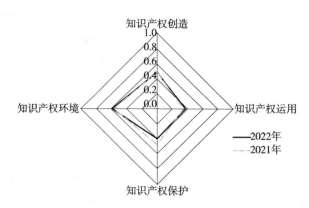

图 5-12　2021—2022 年泰州市知识产权实力一级指标指数

2022 年，泰州市知识产权创造指标指数为 0.487 9，位居全省第 8 位。知识产权创造 – 数量、知识产权创造 – 质量和知识产权创造 – 效率 3 项二级指标分别位居全省第 10 位、第 9 位和第 8 位，其中，知识产权创造 – 质量项指标较 2021 年上升 2 位。知识产权创造指标的 16 项三级指标中，商标注册量、发明专利授权量占比、发明专利授权率、高价值发明专利拥有量、每万户企业注册商标拥有量 5 项指标分别位居全省第 10 位、第 11 位、第 6 位、第 7 位和第 12 位，较 2021 年分别上升 1 位、1 位、6 位、2 位和 1 位；地理标志商标数量指标位居全省第 7 位，较 2021 年下降 1 位。截至 2022 年年底，泰州市有效发明专利量 12 705 件，同比增长 17.52 %。从技术领域小类来看，有效发明专利量前三位的技术领域分别是机器工具 1525 件，电机、电气装置、电能 947 件，化学工程 792 件，合计 3264 件，占泰州市有效发明专利总量的 25.69%。从重点企业专利权人来看，有效发明专利量前三位的企业分别是泰州市海通资产管理有限公司 261 件，扬子江药业集团有限公司 120 件，泰州乐金电子冷机有限公司 109 件。

从先进制造业集群发明专利授权量来看，2022 年泰州市生物医药产业集群发明专利授权量 209 件，居全省第 8 位，其中，生物药、化学药发明专利授权量分别为 71 件、41 件，分别居全省第 8 位、第 10 位。从重点企业来看，江苏荃信生物医药股份有限公司、扬子江药业集团有限公司、中生方政生物技术股份有限公司 2022 年度生物医药产业发明专利授权量分别为 15 件、13 件、10 件。泰州的医药产业在全国地级市层面具有较强实力和竞争力，泰州中国医药城是目前国内唯一的国家级医药高新区。拥有居全国制药企业之首的扬子江药业集团，以及帝斯曼江山制药（江苏）有限公司、苏中药业集团股份有限公司、济川药业集团有限公司、江苏中丹制药有限公司等全国医药百强企业，夯实了泰州医药产业的雄厚基础。2022 年，泰州市生物医药及高性能医疗器械产业完成产值 946.15 亿元，同比增长 15.6%，规模位于全国前列，年销售超 10 亿元的医药大品种达 18 个。

2022 年，泰州市知识产权运用指标指数为 0.374 5，位居全省第 11 位。知识产权运用 – 数量和知识产权运用 – 效果 2 项二级指标分别位居全省第 10 位和第 12 位，排名较 2021 年分别上升 1 位和下降 2 位。7 项三级指标中，专利实施许可合同备案量和知识产权质押项目数 2 项指标分别位居全省第 11 位和第 9 位，较 2021 年均上升 1 位；专利质押融资金额、商标质押融资金额 2 项指标分别位居全省第 11 位和第 13 位，较 2021 年分别下降 1 位和 4 位。

2022 年，泰州市知识产权保护指标指数为 0.388 1，位居全省第 11 位，较 2021 年上升 1 位。知识产权保护 – 行政执法和知识产权保护 – 维权援助 2 项二级指标分别位居全省第 12 位和第 9 位，其中知识产权保护 – 维权援助指标排名较 2021 年下降 3 位。知识产权保护指标的 5 项三级指标中，"正版正货"承诺企业数量、维权援助中心举报投诉受理量 2 项指标分别位居全省第 9 位和第 8 位，较 2021 年分别下降 4 位和 3 位。

2022 年，泰州市知识产权环境指标指数为 0.601 4，位居全省第 6 位，较 2021 年上升 1 位。知识产权环境 – 管理、知识产权环境 – 服务和知识产权环境 – 人才 3 项二级指标分别位居全省第 6 位、第 12 位和第 4 位，其中，知识产权环境 – 服务和知识产权环境 – 人才指标排名较 2021 年分别下降 1 位和上升 5 位。知识产权环境指标的 10 项三级指标中，省级知识产权示范园区数、商标申请代理率 2 项指标均位居全省第 7 位，较 2021 年分别上升 1 位和 3 位；知识产权专项经费投入、知识产权贯标企业数量 2 项指标均位列全省第 8 位，较 2021 年均下降 2 位（表 5–12）。

表 5-12　泰州市知识产权实力分项指标指数

序号	指标	2022 年		2021 年	
		指数	排名	指数	排名
	知识产权实力指数	0.468 0	10	0.468 2	10
	知识产权创造	0.487 9	8	0.481 3	8
	数量	0.382 2	10	0.451 7	10
1	专利授权量	0.492 7	9	0.524 6	9
2	发明专利授权量	0.377 8	10	0.328 6	10
3	PCT 国际专利申请量	0.344 8	9	0.429 6	9
4	商标注册量	0.468 0	10	0.406 5	11
5	地理标志商标数量	0.600 0	7	0.600 0	6
6	集成电路布图设计登记发证数量	—	—	0.423 5	9
	质量	0.468 8	9	0.392 1	11
7	发明专利授权量占比	0.491 2	11	0.432 2	12
8	发明专利授权率	0.600 8	6	0.496 9	12
9	高价值发明专利拥有量	0.600 0	7	0.418 5	9
10	专利获奖数量	0.150 0	10	0.180 0	9
	效率	0.527 7	8	0.533 5	8
11	每万人口发明专利拥有量	0.595 4	8	0.600 0	7
12	每百亿元 GDP 专利授权量	0.559 6	10	0.548 7	9
13	每十亿元 GDP 发明专利拥有量	0.395 3	9	0.421 8	9
14	每百亿元 GDP 高维持年限发明专利拥有量	0.600 0	7	0.600 0	7
15	万企有效注册商标企业数	0.510 4	10	0.514 2	10
16	每万户企业注册商标拥有量	0.462 0	12	0.471 8	13
	知识产权运用	0.374 5	11	0.347 3	11
	数量	0.381 3	10	0.327 0	11
17	专利实施许可合同备案量	0.237 7	11	0.214 3	12
18	专利实施许可合同备案涉及专利量	0.239 7	10	0.264 5	10
19	知识产权质押项目数	0.531 7	9	0.303 8	10

序号	指标	2022 年		2021 年	
		指数	排名	指数	排名
20	知识产权技术合同成交数量	0.600 0	7	0.600 0	7
	效果	0.363 3	12	0.381 1	10
21	知识产权技术合同成交金额	0.605 5	6	0.621 4	6
22	专利质押融资金额	0.325 3	11	0.337 1	10
23	商标质押融资金额	0.049 8	13	0.098 2	9
	知识产权保护	0.388 1	11	0.467 4	12
	行政执法	0.311 1	12	0.407 3	12
24	专利侵权纠纷立案量	0.447 9	10	0.094 8	13
25	专利假冒案件立案量	—	—	0.483 2	9
26	"正版正货"承诺企业数量	0.535 1	9	0.711 6	5
	维权援助	0.516 5	9	0.567 4	6
27	维权援助中心及分支机构数量	0.545 5	9	0.500 0	10
28	维权援助中心举报投诉受理量	0.473 1	8	0.668 6	5
	知识产权环境	0.601 4	6	0.563 7	7
	管理	0.609 4	6	0.639 5	6
29	知识产权专项经费投入	0.472 1	8	0.621 7	6
30	知识产权管理机构人员数	0.784 6	3	0.784 6	3
31	省级知识产权示范园区数	0.600 0	7	0.525 0	8
32	知识产权贯标企业数量	0.499 3	8	0.702 4	6
33	知识产权战略推进计划项目数	0.600 0	7	0.600 0	7
	服务	0.577 0	12	0.513 5	11
34	专利申请代理率	0.545 1	12	0.504 6	12
35	商标申请代理率	0.600 0	7	0.516 6	10
36	知识产权服务机构数量	0.480 0	8	0.510 3	8
	人才	0.610 0	4	0.417 9	9
37	通过全国专利代理师资格考试人数	0.570 0	8	0.487 5	8

序号	指标	2022 年		2021 年	
		指数	排名	指数	排名
38	知识产权副高级以上职称人数	0.650 0	3	0.348 4	9

十三、宿迁市知识产权实力分项指标分析

2022 年宿迁市知识产权实力指数为 0.335 4，位居全省第 13 位。如图 5-13 所示，宿迁市知识产权创造、知识产权运用、知识产权保护和知识产权环境 4 项一级指标发展不均衡，知识产权保护和知识产权环境指标指数高于知识产权创造和知识产权运用指标指数。

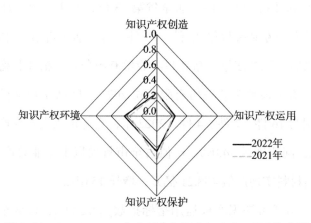

图 5-13　2021—2022 年宿迁市知识产权实力一级指标指数

2022 年，宿迁市知识产权创造指标指数为 0.281 5，位居全省第 13 位。知识产权创造 – 数量、知识产权创造 – 质量和知识产权创造 – 效率 3 项二级指标均居全省第 13 位。知识产权创造指标的 16 项三级指标中，地理标志商标数量、集成电路布图设计登记发证数量、万企有效注册商标企业数 3 项指

标分别位居全省第 9 位、第 10 位和第 8 位，较 2021 年分别上升 2 位、3 位和 1 位；每百亿元 GDP 专利授权量指标位居全省第 11 位，较 2021 年下降 4 位。截至 2022 年年底，宿迁市有效发明专利量 3335 件，同比增长 29.41%。从技术领域小类来看，有效发明专利量前三位的技术领域分别是电机、电气装置、电能 271 件，机器工具 268 件，纺织和造纸机器 235 件，合计 774 件，占宿迁市有效发明专利总量的 23.21%。从重点企业专利权人来看，有效发明专利量前三位的企业分别是江苏斯迪克新材料科技股份有限公司 106 件，浙江天能电池（江苏）有限公司 74 件，江苏双星彩塑新材料股份有限公司 55 件。

从先进制造业集群发明专利授权量来看，2022 年宿迁市高端新材料产业集群发明专利授权量 162 件，居全省第 13 位，其中，化工新材料、先进金属材料领域发明专利授权量 36 件、28 件，分别居全省第 12 位、第 13 位。从重点企业来看，江苏双星彩塑新材料股份有限公司、宿迁联盛科技股份有限公司、江苏秀强玻璃工艺股份有限公司 2022 年度高端新材料产业发明专利授权量分别为 16 件、7 件、4 件。2022 年，宿迁市六大主导产业实现产值 3717.37 亿元，同比增长 14.0%，产值占全市规模以上工业总产值的 85.5%。其中，高端新材料实现产值 438.21 亿元，增长 15.0%。

2022 年，宿迁市知识产权运用指标指数为 0.243 4，位居全省第 13 位。知识产权运用 – 数量和知识产权运用 – 效果 2 项二级指标分别位居全省第 12 位和第 13 位。7 项三级指标中，专利实施许可合同备案涉及专利量指标位居全省第 8 位，较 2021 年上升 4 位。

2022 年，宿迁市知识产权保护指标指数为 0.451 9，位居全省第 9 位，较 2021 年下降 1 位。知识产权保护 – 行政执法和知识产权保护 – 维权援助 2 项二级指标分别位居全省第 11 位和第 5 位，排名较 2021 年分别下降 5 位和上升 2 位。5 项三级指标中，维权援助中心及分支机构数量、维权援助中心举报投诉受理量指标均位居全省第 7 位，较 2021 年分别上升 4 位和下降 1 位。

2022 年，宿迁市知识产权环境指标指数为 0.418 8，位居全省第 12 位，较 2021 年上升 1 位。知识产权环境－管理、知识产权环境－服务和知识产权环境－人才 3 项二级指标分别位居全省第 12 位、第 13 位和第 8 位，其中，知识产权环境－人才指标排名较 2021 年上升 4 位。10 项三级指标中，省级知识产权示范园区数、专利申请代理率、商标申请代理率 3 项指标分别位居全省第 7 位、第 9 位和第 10 位，较 2021 年分别上升 3 位、2 位和 3 位；知识产权服务机构数量指标位居全省第 12 位，较 2021 年下降 2 位（表5–13）。

表 5–13　宿迁市知识产权实力分项指标指数

序号	指标	2022 年		2021 年	
		指数	排名	指数	排名
	知识产权实力指数	0.335 4	13	0.333 9	13
	知识产权创造	0.281 5	13	0.268 6	13
	数量	0.253 6	13	0.272 6	13
1	专利授权量	0.292 5	11	0.354 0	11
2	发明专利授权量	0.151 2	13	0.098 7	13
3	PCT 国际专利申请量	0.063 0	13	0.144 4	13
4	商标注册量	0.532 5	9	0.600 0	7
5	地理标志商标数量	0.533 3	9	0.525 0	11
6	集成电路布图设计登记发证数量	0.120 0	10	0.123 5	13
	质量	0.242 1	13	0.163 2	13
7	发明专利授权量占比	0.331 2	13	0.192 4	13
8	发明专利授权率	0.484 6	13	0.393 6	13
9	高价值发明专利拥有量	0.112 0	13	0.078 1	13

续表

序号	指标	2022 年		2021 年	
		指数	排名	指数	排名
10	专利获奖数量	—	—	0.024 0	12
	效率	0.308 8	13	0.319 0	12
11	每万人口发明专利拥有量	0.141 4	13	0.129 6	13
12	每百亿元 GDP 专利授权量	0.517 2	11	0.600 0	7
13	每十亿元 GDP 发明专利拥有量	0.161 5	13	0.162 9	13
14	每百亿元 GDP 高维持年限发明专利拥有量	0.142 9	13	0.151 1	13
15	万企有效注册商标企业数	0.564 5	8	0.555 0	9
16	每万户企业注册商标拥有量	0.591 3	8	0.594 0	8
	知识产权运用	0.243 4	13	0.216 5	13
	数量	0.281 4	12	0.234 5	12
17	专利实施许可合同备案量	0.101 9	12	0.314 3	11
18	专利实施许可合同备案涉及专利量	0.530 6	8	0.087 3	12
19	知识产权质押项目数	0.314 9	13	0.144 3	13
20	知识产权技术合同成交数量	0.143 5	13	0.437 2	9
	效果	0.180 2	13	0.186 6	13
21	知识产权技术合同成交金额	0.052 4	13	0.208 6	10
22	专利质押融资金额	0.232 4	13	0.210 4	13
23	商标质押融资金额	0.200 6	11	0.035 8	10
	知识产权保护	0.451 9	9	0.559 7	8
	行政执法	0.363 0	11	0.584 7	6
24	专利侵权纠纷立案量	0.345 2	11	1.000 0	1
25	专利假冒案件立案量	0.600 0	7	0.428 1	10
26	"正版正货"承诺企业数量	0.081 1	13	0.252 2	13
	维权援助	0.600 0	5	0.518 0	7
27	维权援助中心及分支机构数量	0.600 0	7	0.450 0	11
28	维权援助中心举报投诉受理量	0.600 0	7	0.620 0	6

序号	指标	2022 年		2021 年	
		指数	排名	指数	排名
	知识产权环境	0.418 8	12	0.355 8	13
	管理	0.361 5	12	0.360 9	12
29	知识产权专项经费投入	0.405 5	9	0.364 0	9
30	知识产权管理机构人员数	0.327 3	13	0.327 3	13
31	省级知识产权示范园区数	0.600 0	7	0.450 0	10
32	知识产权贯标企业数量	0.457 7	10	0.441 8	9
33	知识产权战略推进计划项目数	0.223 1	13	0.300 0	13
	服务	0.568 0	13	0.401 7	13
34	专利申请代理率	0.579 6	9	0.540 0	11
35	商标申请代理率	0.593 6	10	0.355 5	13
36	知识产权服务机构数量	0.365 7	12	0.448 6	10
	人才	0.390 0	8	0.284 3	12
37	通过全国专利代理师资格考试人数	0.180 0	12	0.375 0	9
38	知识产权副高级以上职称人数	0.600 0	4	0.193 5	13

附　　录

一、指标体系结构

本书采用统计综合评价方法对江苏省地区知识产权实力进行分析。江苏省知识产权实力指标体系见附表1。

附表1　江苏省知识产权实力指标体系

一级指标	二级指标	三级指标		
		序号	单位	指标
知识产权创造	数量	1	件	专利授权量
		2	件	发明专利授权量
		3	件	PCT 国际专利申请量
		4	件	商标注册量
		5	件	地理标志商标数量
		6	件	集成电路布图设计登记发证数量
	质量	7	%	发明专利授权量占比
		8	%	发明专利授权率
		9	件	高价值发明专利拥有量
		10	项	专利获奖数量

一级指标	二级指标	三级指标		
		序号	单位	指标
知识产权创造	效率	11	件	每万人口发明专利拥有量
		12	件	每百亿元 GDP 专利授权量
		13	件	每十亿元 GDP 发明专利拥有量
		14	件	每百亿元 GDP 高维持年限发明专利拥有量
		15	家	万企有效注册商标企业数
		16	件	每万户企业注册商标拥有量
知识产权运用	数量	17	份	专利实施许可合同备案量
		18	件	专利实施许可合同备案涉及专利量
		19	个	知识产权质押项目数
		20	项	知识产权技术合同成交数量
	效果	21	亿元	知识产权技术合同成交金额
		22	亿元	专利质押融资金额
		23	亿元	商标质押融资金额
知识产权保护	行政执法	24	件	专利侵权纠纷立案量
		25	件	专利假冒案件立案量
		26	家	"正版正货"承诺企业数量
	维权援助	27	个	维权援助中心及分支机构数量
		28	件	维权援助中心举报投诉受理量
知识产权环境	管理	29	万元	知识产权专项经费投入
		30	人	知识产权管理机构人员数
		31	个	省级知识产权示范园区数
		32	家	知识产权贯标企业数量
		33	个	知识产权战略推进计划项目数
	服务	34	%	专利申请代理率
		35	%	商标申请代理率
		36	个	知识产权服务机构数量
	人才	37	人	通过全国专利代理师资格考试人数
		38	人	知识产权副高级以上职称人数

二、指标解释

（1）专利授权量：年度国内各类申请人的专利授权数量。

（2）发明专利授权量：年度国内各类申请人的发明专利授权数量。

（3）PCT 国际专利申请量：年度国家知识产权局受理的来自国内的 PCT 国际专利申请数量。

（4）商标注册量：年度国内各类申请人的商标注册核准件数。

（5）地理标志商标数量：截至 2022 年年末地理标志商标累计注册量。

（6）集成电路布图设计登记发证数量：年度集成电路布图设计登记发证的数量。

（7）发明专利授权量占比：年度发明专利授权量 / 年度三种专利（发明、实用新型、外观设计）授权量。

（8）发明专利授权率：近三年发明专利授权量 / 近三年发明专利申请量 × 100%。

（9）高价值发明专利拥有量：截至年末本地区居民拥有的经国家知识产权局授权的符合重点产业发展方向、权利稳定或价值较高的有效发明专利数量。将符合以下任一方面要求的专利认定为高价值发明专利：①战略性新兴产业的有效发明专利；②在海外有同族专利权的有效发明专利；③维持年限超过 10 年的有效发明专利；④实现较高质押融资金额的有效发明专利；⑤获得国家科学技术奖、中国专利奖的有效发明专利。

（10）专利获奖数量：年度国家级和省级专利奖获奖数量的合计。

（11）每万人口发明专利拥有量：截至年末有效发明专利数量 / 上一年度年末常住人口数量。

（12）每百亿元 GDP 专利授权量：截至年末有效发明专利数量 / 上一年

度年末 GDP 金额。

（13）每十亿元 GDP 发明专利拥有量：截至年末有效发明专利数量 / 年度地区生产总值 ×10。

（14）每百亿元 GDP 高维持年限发明专利拥有量：截至年末维持 10 年及以上发明专利数量 / 年度地区生产总值 ×100。

（15）万企有效注册商标企业数：截至 2022 年 9 月底 ❶ 拥有有效注册商标的企业数 / 企业总数 ×10 000。

（16）每万户企业注册商标拥有量：截至 2022 年 9 月底有效商标注册量 / 企业总数 ×10 000。

（17）专利实施许可合同备案量：年度经国家知识产权局备案的专利实施许可合同数量。

（18）专利实施许可合同备案涉及专利量：年度经国家知识产权局备案的专利实施许可合同涉及的专利数量。

（19）知识产权质押项目数：年度经国家知识产权局备案的知识产权质押合同数量。

（20）知识产权技术合同成交数量：年度技术市场成交的知识产权类型合同数量。

（21）知识产权技术合同成交金额：年度技术市场成交的知识产权类型合同成交金额。

（22）专利质押融资金额：年度经国家知识产权局备案的专利质押合同融资金额。

（23）商标质押融资金额：年度经国家知识产权局商标局登记的商标专

---

❶　因国家知识产权局下发有效注册商标数的限制，该项数据仅统计到 2022 年 9 月底。

用权质押融资金额。

（24）专利侵权纠纷立案量：年度专利侵权纠纷立案数量。

（25）专利假冒案件立案量：年度查处假冒专利立案数量。

（26）"正版正货"承诺企业数量：截至 2022 年年末"正版正货"承诺企业数量。

（27）维权援助中心及分支机构数量：截至 2022 年年末维权援助中心及分支机构数量。

（28）维权援助中心举报投诉受理量：年度国家级知识产权维权援助中心移交举报投诉案件数量。

（29）知识产权专项经费投入：年度知识产权专项经费投入金额。

（30）知识产权管理机构人员数：截至 2022 年年末知识产权管理机构编制人员数量。

（31）省级知识产权示范园区数：截至 2022 年年末省级知识产权试点示范园区数量。

（32）知识产权贯标企业数量：2022 年度《企业知识产权管理规范》贯标参加备案的企业数量。

（33）知识产权战略推进计划项目数：截至 2022 年年末企业知识产权战略推进计划项目累计数量。

（34）专利申请代理率：2022 年度专利申请代理量 / 年度专利申请量 ×100%。

（35）商标申请代理率：2022 年度商标申请代理量 / 年度商标申请量 ×100%。

（36）知识产权服务机构数量：2022 年度实际开展专利申请代理业务或商标申请代理业务的机构数量。

（37）通过全国专利代理师资格考试人数：2022年度南京考点和苏州考点全国专利代理人资格考试合格人数的合计。

（38）知识产权副高级以上职称人数：截至2022年年末江苏省知识产权副高级以上职称人数。